我和我的语文课

郑永迎 编著

台海出版社

图书在版编目(CIP)数据

我和我的语文课 / 郑永迎编著. —— 北京 ：台海出
版社，2023.11

ISBN 978－7－5168－3721－4

Ⅰ．①我… Ⅱ．①郑… Ⅲ．①中学语文课－教学研究
Ⅳ．①G633.302

中国国家版本馆 CIP 数据核字(2023)第 222631 号

我和我的语文课

编　　著:郑永迎

出 版 人:蔡　旭　　　　　　　　　封面设计:王　涛
责任编辑:王　艳

出版发行:台海出版社
地　　　址:北京市东城区景山东街 20 号　　邮政编码:100009
电　　　话:010－64041652(发行,邮购)
传　　　真:010－84045799(总编室)
网　　　址:www.taimeng.org.cn/thcbs/default.htm
E － mail:thcbs@126.com

经　　销:全国各地新华书店
印　　刷:保定市嘉图印刷有限公司
本书如有破损、缺页、装订错误,请与本社联系调换

开　　本:880 毫米×1230 毫米　　　1/16
字　　数:243 千字　　　　　　　印　　张:14.375
版　　次:2023 年 11 月第 1 版　　　印　　次:2023 年 11 月第 1 次印刷
书　　号:ISBN 978－7－5168－3721－4

定　　价　68.00 元

前　言

小时候,我就有一个"教师梦"。1994年的春节联欢晚会上,歌唱家宋祖英精彩演绎的《长大后我就成了你》,越发让我对教师这个职业满怀憧憬。"小时候我以为你很美丽,领着一群小鸟飞来飞去。小时候我以为你很神气,说上一句话也惊天动地。长大后我就成了你,才知道那间教室,放飞的是希望,守巢的总是你……"这首歌让我梦想的种子生根发芽了,当年我考入宁河师范普师专业。三年的师范专业学习时间太短暂,在懵懵懂懂中,我已被分配到了我的母校——北淮淀镇中学,那是一所乡村中学。

后来我有幸参加了宁河区"三名"工程培训、"种子"工程培训,乘着这些培训的东风,我去扬州竹溪中学参观考察,那里先进的教学理念、先进的育人方略深深地感染了我。那短暂的九天,让我数年的踟蹰摸索有了质的飞越;那九天,让我知道除了勤奋外,还要走出去,因为外面别有洞天。在培训中,我参加了"全国中小学新课堂教学成果博览会"授课比赛,我讲授的七年级上册古文《狼》这一课荣获国家级一等奖。在整个活动过程中,与会人员轮流当主持人、评课人,在观课、评课的过程中,我反思自己,收获丰厚。2021年入选"津门杰出教师",让我深知肩上担子的沉重。2021年9月28日,"三杰"开班典礼及第一期培训,北师大中国教育政策研究院院长张志勇同志为我们带来一场"教师专业发展"的盛宴;2021年10月12日,清华大学谢维和教授为我们分享了《教育家型教师的"样子"》的卓越见解;2021年10月25日上午,幽默风趣的徐长青教授则为我们带来《聚焦简约教育理论与实践研究,建设教师专业发展学术共同体》的专业培训。这些专家教授不仅提供了宝贵的理论指导,而且给予了我们今后的教学生涯精神鼓舞和心态养成,让我增加了继续前进的勇气。以后的语文之路还很长,但我坚信那将是一条康庄大道!

"长大后我就成了你,才知道那个讲台,举起的是别人,奉献的是自己。"这首歌仍是我今后语文教学的指引,我愿意成为"举起的是别人,奉献的是自己"那样的人!

目　录

第一部分——策略篇

第一章　语文教学目标的理解

一、义务教育阶段语文课程总目标

第一，在语文学习过程中，培养爱国主义、集体主义、社会主义思想道德，逐步形成正确的世界观、人生观、价值观。

第二，热爱国家通用语言文字，感受语言文字及作品的独特价值，认识中华文化的丰厚博大，汲取智慧，弘扬社会主义先进文化、革命文化、中华优秀传统文化，建立文化自信。

第三，关心社会文化生活，积极参与和组织校园、社区等文化活动，发展交流、合作、探究等实践能力，增强社会责任意识。感受多样文化，吸收人类优秀文化的精华。

第四，认识和书写常用汉字，学会汉语拼音，能说普通话。主动积累、梳理基本的语言材料和语言经验，逐步形成良好的语感，初步领悟语言文字运用规律。学会使用常用的语文工具书，运用多种媒介学习语文，初步掌握基本的语文学习方法，养成良好的学习习惯。

第五，学会运用多种阅读方法，具有独立阅读能力。能阅读日常的书报杂志，初步鉴赏文学作品，能借助工具书阅读浅易文言文。学会倾听与表达，初步学会用口头语言文明地进行人际沟通和社会交往。能根据需要，用书面语言具体明确、文从字顺地表达自己的见闻、体验和想法。

第六，积极观察、感知生活，发展联想和想象，激发创造潜能，丰富语言经验，培养语言直觉，提高语言表现力和创造力，提高形象思维能力。

第七，乐于探索，勤于思考，初步掌握比较、分析、概括、推理等思维方法，辩证地思考问题，有理有据、负责任地表达自己的观点，养成实事求是、崇尚真知的态度。

第八，感受语言文字的美，感悟作品的思想内涵和艺术价值，能结合自己的经验，理解、欣赏和初步评价语言文字作品，丰富自己的情感体验和精神世界。

第九,能借助不同媒介表达自己的见闻和感受,学习发现美、表现美和创造美,形成健康的审美情趣。

二、三维教学目标有机融合

(一)"三维目标"的基本内涵

"三维目标"是指教育教学过程中应该达到的三个目标维度,第一维目标(知识与技能)意指人类生存不可或缺的核心知识和基本技能;第二维目标(过程与方法)的"过程"意指应答性学习环境与交往体验;"方法"指基本学习方式和生活方式;第三维目标(情感态度与价值观)意指学习兴趣、学习态度、人生态度以及个人价值与社会价值的统一。把握"三维目标"的基本内涵,才能增强目标意识,避免乱贴标签。

(二)"三维目标"的内在联系

在学校教学中,既不能离开过程与方法、情感态度与价值观去求得知识与技能,也不能离开知识与技能去空讲过程与方法、情感态度与价值观的发展。"三维目标"是一个整体,不可分割。这"三维"之间,"一维"是构成该学科的基础知识和基本概念的体系,"一维"是该学科的基础知识和基本概念体系背后的思考方式与行为方式,"一维"是该思考方式与行为方式背后的情感、态度和价值观。三个方面相互渗透,融为一体,注重学科素养的整体提高。知识能力维度是显性的,另两个维度是隐性的,是由知识能力负载的。在语文教学中,要注重学生语文素养的整体提高。以上三方面应互相渗透,融为一体。各年级的教学目标也要相互联系,螺旋上升,才能最终达成总目标。确定教学目标时,既要符合课程标准的理念和要求,又要接近学生,最主要的是要切实可行并能够达成。

三、在课堂中,实施"三维目标"的注意事项

(一)教学情境创设合理

好的教学情境应具有以下几个特征:

1.源于学生的生活实际,或源于科技发展的动态、经典事例等。

2.简明合理,能激起学生学习兴趣。

3.能快速将学生引向所要学的知识内容。

（二）学生全面充分发展

新课程标准的核心理念之一就是为了每一个学生的发展,好的课堂教学要引导学生主动地进行探究、发现。充分培养学生分析和解决问题的能力。语文课堂教学的设计一定要设置学生自主学习的时间和空间,为每位学生主体的学习活动提供必要的材料、技术和方法支撑。

（三）教师合理恰当的引导

教师的作用在于如何让学生成为学习的主体。教师要想方设法让学生学懂弄通,要善于引导,激发学生的主动性,调动和组织学生开展活动,不断地给予学生点拨和启发。做到既有正确的站位精讲,又有不越位的恰当留白。

（四）师生信息交流通畅无阻

新课程背景下,课堂信息多向互动是课堂教学的基本特征。教师要充分利用课堂时间适时提问,组织学生进行小组讨论、合作、探究,指导学生完成学习后的交流评价等环节,认真对待学生的质疑与反思,整合优化各种教学信息资源,促进课堂信息交流渠道的畅通,为学生的自主学习提供优质服务,同时还要建立平等民主的师生关系,使教学效果事半功倍。

（五）构建扎实的知识结构

新课程背景下的课堂教学,帮助学生构建扎实的知识结构,让学生既掌握知识,又掌握知识之间的内在联系。指导学生构建知识结构时,尽量指导学生自主构建。教师先为学生提供精良的学习素材,再指导学生针对学习素材进行感知、分析和总结,然后得出概念和结论,最后将得出的概念和结论尝试应用。

（六）有效训练学生的综合能力

新课程背景下的课堂教学一定要关注学生的综合能力训练,引导学生加深对相应知识的理解和有关思维方法的掌握。对经典阅读的精选精练、及时评价、反复训练是对学生进行语文综合能力训练的有效手段。所选取的问题既要典型,又要有针对性,更要有助于培养学生灵活运用知识的能力。

（七）预设生成精彩

没有预设的课堂对学生是不负责任的,而没有生成的课堂是缺少亮点的。课堂既不能全是对教学设计按部就班的开展过程,更不能完全是师生的即兴创造的过程。在语文教学中,既要重视课堂预设,更要关注课堂生成,这样才能促进课堂教学目标的全面达成。

第二章　挖掘教材的美

语文是基础学科。老师讲得太机械化，会使作品无限丰富的内涵变得不再鲜活，会使文本意境的光辉黯然失色，会使一节优美、灵动的语文课变得索然无味。深入挖掘语文教材的内在美，让语文教学灼灼其华，我常常从以下几个方面着手。

一、挖掘教材中的主题之美

新课程改革在长足发展，引导学生进入语文教学情境，充分感知语文教学的主题美，是初中语文教学发展的重要方向。教师要善于发掘语文教材中的美感，以不断提高学生感受美的能力，培养他们听说读写的语文素养。文章的主题就是文章的灵魂，是作家对现实生活的认识、感悟、评价，是作家在作品中通过描写相关内容题材等表现出来的思想感情。我们只有明确把握作品的中心思想，才算体悟到了作品的精神实质。初中语文教材载入了很多主题内涵饱满而深入的文章。

如：王鼎钧的《那树》这篇课文主题丰富，从中可以挖掘出多层含义。

一层：环保意识。这一点毋庸置疑，从课文的字里行间就可以窥视出城市建设与乡村文明之间的矛盾。作者表达出对环境被彻底破坏的无限担忧，这可以深深地唤起人们的环保意识。

二层：生命意识。在作者的内心中，这棵树有着最顽强的生命力。那树在大自然多次严苛的考验和人们肆意妄为的破坏下，显示了强悍旺盛的生命力，历经磨难，完好无缺地活了下来，足见它生命力的顽强与坚固。在整篇文章中，我们感悟到，它哪里只是一棵树，分明是一个坚固、古老、顽强、无畏的生命呀！

除了这两个方面，我们还能感受到亲情意识，文化意识等。如果我们只停留在一个层面上，不利于学生认知、感悟、理解能力的全面发展。多元解读文章的主旨，是符合新课程理念教学的一种有益实践。

再如:《斑羚飞渡》是一篇很美的写动物的小说,作者通过描写一群被逼至绝境的斑羚,为了赢得种群的生存机会,用牺牲一半挽救另一半的方法摆脱困境的壮举。赞扬了镰刀头羊临危不惧、舍己为人的英勇精神。斑羚在危难中所表现出来的智慧、勇气和自我牺牲精神,会让每一个读过这篇文章的人感到精神的震撼,会启发人们重新认识这个万物共存的世界。

在教学过程中应引导学生,深入挖掘这篇小说的主题,是人类逼迫这些斑羚走向毁灭,人充当了冷漠无情的看客的角色。当然,更关键的是呼吁人类保护动物,与动物和谐相处。保护自然,保护生态环境,就是保护我们人类的家园。

二、挖掘教材中的语言之美

文章是用语言来充分展现各种艺术形象。所以,我们唯有用心领会文章的语言美,才能更好地体会作者的写作主题。

如《关雎》,巧妙地运用"比兴"的手法,以河中沙洲上的雎鸠鸟相互和鸣、相依相恋开头,引发读者的遐想:男子对美好姑娘的追求。《关雎》的语言也极富表现力,采用双声、叠韵的句式,如:"窈窕淑女""辗转反侧"等语句,读来琅琅上口,学生们朗读背诵得兴致盎然。同时《关雎》以重章叠句的形式营造出了一种喜庆的氛围,如:"参差荇菜,左右采之",接上章"参差荇菜,左右流之"反复叠句。"流之""采之""芼之",仅换一字,先写荇菜流动采摘的困难,追求不得的日夜思慕,再写采、拔荇菜之自由灵活,即表示追求既得,并想象与爱慕的姑娘相亲相爱的情景。重章叠句增强了诗歌的节奏感与韵律美,增强了情感,更好地突出了文章的主旨,这种诗情在回环往复中得到淋漓尽致地体现与抒发,达到了生动曼妙的艺术效果。

再如:《范进中举》是一篇讽刺小说,它把封建社会的腐朽及科举制度的黑暗揭露得体无完肤,让读者笑中含恨。作者在行文过程中简约凝练却又极富讽刺的语言让读者记忆犹新。范进中举之前,面对胡屠户的训斥呵责只是"唯唯连声",总是低三下四地说:"岳父见教的是。"把他的迂腐、无能和逆来顺受的性格展现得淋漓尽致,让读者如闻其声,如见其人。中举以后,范进看见捷报欢喜得发了疯,拍手大笑道:"噫!好了,我中了!"这些语句准确传神地描写出范进精神失常的样子,可见他受封建科举制度毒害之深重。同时,更为讽刺的是,他不再称胡屠户为"岳父"而改口称"老爹"了。乡绅张静斋拜会范进时,范进更用了那些表示最亲密友谊的言语,充分表现出范进老奸巨猾、极力拉拢、阿谀逢迎的市侩嘴脸。所以在授课之前,我们要深入挖掘这些极富表现力的语言,激发学生学习的兴趣,充分感知鲜活的人物形象,深入体会文章主旨。

又如:《安塞腰鼓》,其语言似江水奔流、气势豪壮,读后让人感情激荡、心旷神怡,内心久久不能平静。李清照的《如梦令》,是一首忆昔词,寥寥数语,似乎是随意而出,却又惜墨如金,句句含情脉脉。开头两句写主人公沉醉兴奋之情,接着写兴尽归家,又误入"藕花深处",别有天地,更令人流连忘返。最后一句,纯洁天真,言有尽而意无穷。

在语文教学中,语言美对于培养学生正确的审美观和提高学生的审美能力有着重要的意义。在授课时,绝不可以忽略语文中的语言美,应该引导学生对这些美的语言进行赏析,提升教学质量,从而调动学生在生活中主动地发现美、热爱美、追求美、创造美。

三、挖掘教材中的形象之美

中学语文是一个琳琅满目的世界,我们要深入研究教材中的人物形象,适时地用正面人物形象对学生进行情感态度与价值观教育,让语文教学与学生的道德培养紧密地结合起来。所以我们教师要在教学中用这些优美的形象去感染学生,让他们在情感上与作者产生共鸣,充分感知课本中人物的各种内在美,从而达到感悟启示、净化心灵的作用。

如《我的叔叔于勒》中的线索人物若瑟夫,是一个天真单纯、涉世未深的十几岁的小男孩。他的善良、富有同情心与他自私、冷酷、嗜钱如命的父母形成了鲜明的对照。面对父母六亲不认的做法,他表示不满。若瑟夫这个人物形象寄托了作者的美好理想与希冀。

再如《邓稼先》一文中邓稼先的形象,他是我国核武器事业的奠基人和开拓者。他被誉为"'两弹'元勋","鞠躬尽瘁,死而后已"是对他一生伟业最精准的写照。

又如《伟大的悲剧》一文中的主人公斯科特,他是一位英国海军上校,他第一个到达南极极点的壮志,因为他的竞争对手阿蒙森抢先一个月到达那里,而使他未能如愿以偿。斯科特在与大自然的搏斗中虽然惨遭失败,他的肉体被恶劣的环境所摧残,但是他的心灵经受住了考验——毅然决然地为对手早到南极点做证,这样高尚的做法让他变得无比的崇高。在面对死亡时,他所表现出来的坚毅、果敢、执着、诚信、为事业献身的伟大精神,为人类献身的英雄主义精神,对事业执着追求的精神和伟大的集体主义精神,给了学生们巨大的精神震撼和独特的审美感受。

作品中美的人物形象作为现实和理想美的集中反映,作为美的高级形态,是实施德育、智育等最有效的美育手段。事实证明,美的人物形象可以匡正粗俗与鲁莽,引发学生对美好人生的向往;完美的文学艺术形象可以唤起学生奋发向上的激情和内在的力量;悲剧美的人物形象可以使学生憎恶强暴,崇尚正义;喜剧美的人物可以使学生知廉耻,大笑之后告别丑恶之态。可以这样说,一个经常受到人物美熏陶的学生当美的人物形象占据了他的整个灵魂时,他对丑恶是不能容忍的,对真善美的追求是无止境的。(①杨勇:云南思茅景东一中,《中学语文教材中的人物审美》一文)

四、挖掘教材中的意境之美

文章的意境一般是指作品中描绘的生活场景与所表现的思想感情融为一体后而形成的艺术情境。特点是景中寓情,情中富景,情景浑然一体。语文教材中富含大量的语文知识,与适宜优美的教学情境融为一体,体现了初中语文教材的意境之美。新课程改革在不断深入,选择行之有效的教学方法,引导学生进入特定的教学情境,感知语文教学的美,为学生创设轻松、愉悦、恰当的教学情境,以不断提升学生的语文审美能力和综合素养。

如朱自清的《春》一文,作者所描绘的景物充盈着跃动的生机和生命的活力,从盼春图、春草图、春花图、春风图、春雨图、迎春图等几个图景来描绘春天生机勃勃的景象,每幅图既有绘画的色彩美,又有诗的意味美。如:春草图中的描写"小草偷偷地从土里钻出来,嫩嫩的,绿绿的……风轻悄悄的,草软绵绵的。""钻"字把小草拟人化,不仅传神地写出了小草顽强的生命力,它那顽皮可爱的情状也跃然纸上,更把作者对春天来临时的激动兴奋心情巧妙地表达出来;"嫩嫩的,绿绿的","草软绵绵的",简洁、生动、传神地写出了春草的质感、颜色和状态。再如:春花图中作者运用了多种感官描写。如视觉描写,表现各种春花争奇斗艳的情状:"桃树、杏树、梨树,你不让我,我不让你,都开满了花赶趟儿。"写各种春花的五色交辉:"红的像火,粉的像霞,白的像雪。"如嗅觉描写,写春花沁人心脾的味道:"花里带着甜味儿……"如听觉描写,写花下昆虫热闹的场面:"花下成千成百的蜜蜂嗡嗡地闹着,大小的蝴蝶飞来飞去。"

再如:刘禹锡的《陋室铭》是一篇托物言志朗朗上口的铭文。全文只有八十一字,作者所写的是身居的陋室,但字里行间却抒写自己不与世俗同流合污、高洁傲岸的节操和安贫乐道的人生志趣。文章的字里行间都流露出意境的雅,如:"苔痕上阶绿,草色入帘青",这两句写出作者生活环境的"幽雅";"谈笑有鸿儒,往来无白丁"这两句写出交往朋友的"儒雅";"可以调素琴,阅金经。无丝竹之乱耳,无案牍之劳形"则写出生活情趣的"高雅"。

教学中就应把作家的情感内容所产生的审美趣味作用于学生的情感,达到领会文章意境的情感体验效应。教师在教学中应多进行一系列的审美实践活动,全方位地调动学生的审美机制,激发学生的审美情趣,充分发挥联想、想象,引导他们去理解、体会、感受教材中的意境美。

五、挖掘教材中的结构之美

初中语文教材中所选的作品大都篇幅短小精悍,结构清晰精巧。语文教材是所有学生要学习的内容。教师可以有效地利用教材内容,潜移默化地引导学生从语文教材中领略所选文章精心巧妙的结构设计,这也为培养和提高他们的写作能力打下坚实的基础。

如：鲁迅先生的小说《故乡》一文，不仅以"我"回故乡的所见、所闻、所感为线索布局谋篇，而且巧妙地将作者对当时社会生活的理解、认识与探索，贯穿于故事情节中，因而创造出了《故乡》独特的结构美。作者按照回故乡——描写了故乡萧条的景象和作者见到故乡的复杂心情，交代了我回乡的目的；在故乡——写我在故乡的见闻与感受；离故乡——写我怀着深深的失望与痛苦的心情离开故乡，但我并不因此消沉悲观，而且寄希望于未来和下一代。

再如：柳宗元的《小石潭记》一文记叙了作者游玩小石潭的整个过程，以空灵优美的语言描写了小石潭的清幽景色，寄托了作者凄婉抑郁的情感。整个行文过程是：发现小潭（闻水声、观潭形）——潭中景物（潭水、怪石、青树、游鱼）——小潭源流（溪形、岸势）——潭中气氛（气氛、所感）。作者采用移步换景的方法，使文章脉络清晰，学生一目了然，有身临其境的感觉。

中学语文教材充溢着丰富的结构美，我们可以引领学生通过分析鉴赏来发现和领悟教材的结构美，在教学设计和实施过程中对学生进行结构美的熏染，进而指导学生在阅读和写作的实践中逐步掌握并运用结构美。

六、挖掘教材中的意蕴之美

教师应深入挖掘语文教材的审美意义，师生一起欣赏文本的艺术之美，感受语言的形式之美和字里行间的意蕴之美，激发学生的学习兴趣，让学生主动地探索发现，并在此过程中体会和享受文本的意蕴之美，让学生充分感悟理解教材的美学内涵，以达到良好品德的培养和纯真心灵的净化。

如：《富贵不能淫》一文，孟子认为大丈夫应该"居天下之广居，立天下之正位，行天下之大道""得志，与民由之；不得志，独行其道"。这篇文章所要传达的思想意蕴是，教育引导学生成为真正的大丈夫，要坚定信念，不被荣华富贵所诱惑，不被困苦贫贱所改变，不为暴力威胁所屈服，不骄傲不气馁，成为大写的人。

再如：《一棵小桃树》是贾平凹的一篇散文。作者在文章开头就一往情深地对小桃树进行抒写：当初心怀希望，希望它能给"我"带来幸福，把它当作一颗"蓄着我的梦"的种子而种下,因此,"我"极其地偏爱它。见到它长得纤弱瘦小,没人浇水施肥,为自己多年漂泊异乡忘却了它而难过伤心。我也偶有生活遭到挫折的时候,见到在风雨中挣扎的小桃树,它那顽强与命运作斗争的精神,让"我"赞美之情油然而生。总之,小桃树是"我"幸福和希望的象征,小桃树的命运多舛和"我"的经历又是那么的吻合,所以,"我"更多地关注、爱护它。小桃树是作者对生命、人生幸福的思考,对奶奶的怀念以及对生命的崇敬,蕴含着丰富而深刻的意蕴。

七、挖掘教材中的哲理之美

语文教学既是生活教育,又是审美教育。在教学中,教会学生发现生活中蕴含的美,感知生活中蕴含的美,品味生活中蕴含的美,创造生活中蕴含的美。教师要着眼于学生审美能力的养成教育,充分挖掘教材的哲理之美;运用多种教学手段,引导学生感受和认知哲理之美,促进学生语文素养的综合发展。

如:苏轼的《水调歌头》一词中"人有悲欢离合,月有阴晴圆缺,此事古难全"一句表明:人有悲伤、欢愉,有分离、团聚,月亦是如此,有时会被乌云遮住,有时也会亏损残缺,自古以来世上就难有十全十美的事。同时也强调对人事的达观,寄托作者对未来的希望,蕴含深刻的哲理。

又如:杜甫《望岳》一诗的"会当凌绝顶,一览众山小"两句,诗人并不只满足于望岳,而是想登临山顶一览胜景。"众山小"突出了泰山的高峻巍峨,写出了作者俯视一切的雄姿和气概,也表现出诗人远大的心胸和抱负。诗中蕴含深刻的哲理:人要有不怕艰难、敢于攀登绝顶、俯视一切的雄心壮志,要有卓尔不群、济世天下的豪迈情怀。

再如:刘禹锡《酬乐天扬州初逢席上见赠》一诗中,"沉舟侧畔千帆过,病树前头万木春"两句,原意为:沉没的船只旁边,仍有千千万万的帆船争相驶过;凋零枯萎的树木前面更有万千树木繁茂争春。这两句也揭示了一个深刻的哲理:事物总是不断向前发展变化的,新事物终将取代旧事物,这是世界发展的必然规律。

第三章 学案导学案扮靓语文课

学案导学案是教师为指导学生进行主动学习而编制的有学习目标、学习内容、学习流程的学习活动方案,是指引学生自主、高效学习的路线图,用于引导学生自主学习、主动参与、合作探究、优化发展,具有"导读、导思、导做"的功能。学案导学案是一种适应时代发展的新型教学方法,它旨在通过教师在课前预设相关问题,对学生进行课前的预习引领,进行课中的问题预设,进行课后的练习与反思等;通过学生的提前预习、课中思考探究、课后练习与反思的自主学习过程,培养和提高学生的语文能力,提高教学效果。它是以学案作为载体,以导学作为方法,以教师的点拨为主导,以学生自主、合作、探究的学习方式为主体,师生共同合作完成教学任务的一种教学模式。

一、学案导学案的基本流程

第一,学习目标——主要包括"识记""理解""运用"等不同层级的知识能力要求。

第二,学习重点难点——告知学生本节内容学习的重点与难点,让学生在新授课前有侧重地预习教材,避免学生没有针对性的学习过程。

第三,自主学习检测——以知识填空、知识选择、知识问答、基本运用等题型对本节内容的基础知识进行测试及巩固。

第四,知识点拨——帮助学生深化与拓展知识。主要是对本节内容的重点和难点给予思路点拨,掌握重点,击破难点,并适当进行知识的拓展和延伸。

第五,自主(合作)探究——设计几个契合本课重点和难点的问题,学生先采用自主、合作的学习方式,再自己动脑动口动笔,分析解决问题,在探究中加深对知识的巩固理解。

第六,课堂反馈——检测当堂的教学效果。设置的题目少而精,点面结合,落实重点,突破难点,力求举一反三。

第七,学后反思——学生要养成发现问题、解决问题的习惯。对自己的学情充分了解,学后有所思。

二、学案导学案的有效性

学案导学案更改过去教师"一言堂"或"满堂灌"的教学模式,通过学案的引领,充分发挥教师的主导作用和学生的主体作用,使教与学达到和谐统一的效果。在授课前,我们编写行之有效的学案导学案,以突出教材重点,指导学生更好地学习语文。

(一)学案导学案能对学生预习进行有效指导

学生的课前预习是学生自主学习环节的第一步。绝大多数学生课前不预习,究其原因:一是他们不知道应该预习什么,二是我们教师的授课并未以预习为基础。有了学案导学案,学生由对课前学习的茫然无知,变得思路清晰了。我们将学案导学案课前发给学生,通过自主预习,学生对新知识获得初步的认识,带着问题听讲,有的放矢地适时提问,解决问题。

(二)学案导学案能对教师授课进行有效指导

学案导学案是教师对学生有计划、有目的的课前指导。在教学中,教师的教与学生的学目标是一致的,学案导学案突出了学生的主体地位,又克服了自学中的盲目性,这样使学生学会预习,学会简单的概括,同时提高他们分析问题、解决问题的能力。为了提高课堂效率,这就要求我们教师必须对学生的易错点了如指掌,所以在课前,我们要将学案导学案收回批阅,了解学生在预习中出现的问题,然后适时调整教学内容,针对易错点进行课堂教学,以达到更好的教学效果。对于共性的问题,可采用循序渐进的教学方式,层层推进。根据学案导学案的引领,引导学生展开思考、讨论,进而根据学案导学案集中讲解。对于个别问题,一些学生会掌握得比较好,我们也应该适时放手,给他们展示的机会,让他们做小小讲解员。这不仅提高了课堂效率,也能极大限度地促进学生学习的积极性。

(三)学案导学案能对学生听讲进行有效指导

没有保质保量的课前预习,学生就不可能有高质量的课堂学习效果。学案导学案要让学生在自主预习的基础上,发现自己存在的问题,明确教材的重难点。一节课只有 45 分钟,学案导学案让学生全身心地投入课堂,按部就班地解决本节课的重难点。

(四)学案导学案能对学生的学习情况进行有效检测

每次学案导学案中的作业可分两次完成,第一次是学生做作业,第二次是学生改正作业。每节课的学案导学案后都有相应的课后练习题目。题型设置丰富,例如:基础知识的巩固训练、重点知识的扎实延伸、难点知识的掌握理解、解题方法的总结等,让学生有所收获。学案导学案既是对课后作业的反馈,又是对所学知识巩固记忆的过程,是学生提高能力的重要环节。

第四章　巧妙导入课堂的策略

语文课堂教学中精彩的导入语是一堂成功语文课的良好开始,它也是课堂教学的一个重要环节。俗话说:好的开始是成功的一半。如何吸引学生的注意力,诱发学生参与到文本学习中来,激发他们的学习兴趣,让他们心怀强烈的求知欲进入学习情境,全神贯注地投入本课的学习中?课堂教学导入一定要以学生为主体,因文而变,因时而改,因势而生,把课堂导入变成一根系着学生思维的线,牵引他们深入课堂。这样更能真正体现新课程标准的理念:让学生真正成为课堂的主人。下面,我就结合自身的一些教学经验来谈谈语文课堂教学中经常使用的几种导入策略。

一、开门见山导入法

开门见山导入法是语文教学中司空见惯的导入法。教师的开场白是直接切入主题,用简洁凝练的语言,揭示所讲课题,让学生对所学内容一目了然。这种方法开门见山、简洁明快、重点突出,也能让学生在短时间内明确学习目标,集中精力进入学习。

例如:我在教授《"飞天"凌空》这篇文章时,是这样设计的:"同学们,说到'飞天'你会想到什么?嫦娥奔月,还是宇航员的'飞天'?今天我们来共同学习第3课《"飞天"凌空》,让我们感受一下与众不同的'飞天'吧!这篇文章的副标题是'跳水姑娘吕伟夺魁记',请同学们翻到课本第8页让我们一起走进吕伟的'飞天'世界。"接着就板书课文标题及作者。

这篇课文的题目本身就自带"流量",很吸引学生兴趣,再加上副标题的具体概括,学生对这篇文章的内容就一目了然了。但这种单刀直入的方法也不能经常使用,否则会让学生失去新鲜感,大大减弱他们学习的兴趣。

二、讲故事导入法

讲故事导入法就是讲述与课文内容相关的故事。故事或情节波澜起伏,或寓意深刻,或内容幽默生动、引入发笑,以巧妙地引出课文的内容,使学生浑然不觉地进入课文的学习状态。

在教学《唐雎不辱使命》时可这样导入:晏子的故事大家可能都是耳熟能详的,晏子是古代杰出的使者,在迎接外国使节的时候维护个人尊严、国家利益,做到了堂堂正正;在出使外国时,也能态度决然,应对自如,维护个人尊严、国家利益,不辱使命。

春秋末期,各个诸侯面对强大的楚国,都无比畏惧,国力薄弱的前来朝拜,国力强大的不敢不与它结盟,楚国便成了各个诸侯国的霸主。齐国的相国晏子,肩负出使楚国的重任。盛气凌人的楚灵王听说此事,便对左右侍从说:"这个身高不足五尺的晏子,据说以贤名闻于诸侯,寡人认为楚国强盛,而区区一个弱小的齐国,应该好好羞辱一番,以扬我楚国之威,怎么样?"太宰在一旁进言道:"晏子聪慧能言、善于机智应对,这件事应该好好思量,必须如此这般方才行。"楚国君臣大笑悦,按照计策行事。

那天晏子身着朝服,乘坐马车来到楚国都城东门,楚国守门人早已得了太宰的吩咐,紧闭城门。在晏子命人唤门时,守门人指着旁边的小门说:"相国可从这狗洞中进出!您身高不足五尺,这洞口对您来说宽敞有余,又何必费力打开城门进入呢?"晏子听罢,哈哈大笑了,说道:"这可是狗进出的门,又不是人进出的门,出使狗国的人从狗门出入,出使人国的人从人门进出,我不知道自己是来到了人国,还是狗国?我想楚国不会是一个狗国吧!"守门之人立即将晏子的话传给了楚灵王,楚灵王听罢,沉思片刻,便无可奈何地吩咐打开城门,晏子堂堂正正地进入了楚都。

师:晏子机智应对,维护了自己和齐国的尊严,今天我们也要学一篇使臣不辱的故事——《唐雎不辱使命》。

这个广为流传的历史故事,吸引了学生的注意力,激发了学生的学习兴趣,不仅顺利地导入新课,又拓展学生的知识,可谓一举多得。

三、音乐导入法

音乐导入法是指先让学生听音乐,让学生从音乐中感受我们所要学习的有关内容,通过播放与所讲内容相关的歌曲、乐曲等来导入新课,创设情境,激发、感染学生的情绪,增强课程的感染力,能让学生在轻松的教学氛围下,提高听课的效果。

例如:在教授《云南的歌会》这篇课文时,因为它是一篇描写云南歌会风俗的文章,文章通过对三种不同歌会场面的生动描写,展示了云南特有的淳朴自然的民风民俗,生动传神地展现了云南人的多才多艺以及乐观向上的精神品质,亦蕴含了作者对生活、对人生的挚爱。我在设计课堂教学时首先播放了一首极富云南特色的葫芦丝音乐《月光下的凤尾竹》,悠扬婉转的乐曲仿佛让每个学生置身云南。然后引导学生通过课文内容和相关网络资源了解云南的生活情况。

再如:在教授《愚公移山》这篇文章时,可以充分利用网络资源,先播放《愚公移山》的 MTV,让学生欣赏,从而激发学生的学习兴趣,并由此产生对愚公的敬佩之情。这种借助与课文内容相关的歌曲视频的导入形式,有利于创设情境,调动学生的学习热情,克服课上紧张心理,活跃课堂气氛。

四、温故知新导入法

在教师的提示引导下,学生回顾以前学过的知识,水到渠成地引出新课,由已知的领域涉足未知的领域,这种方法前后衔接自然,由浅入深,过渡自然平稳。

如在教学《故乡》这篇文章时,我采用这样的导入设计:

请大家回顾一下我们以前学过鲁迅先生的什么小说? 这篇小说写了什么主要内容?

生答:(略)。

师总结归纳如下:我们学过鲁迅先生的小说《社戏》。这篇小说以作者少年时代的生活经历为素材,用第一人称虚构了"我"20 年来三次看戏的经历:两次是辛亥革命后在北京看传统戏剧——京戏,一次是少年时代在浙江绍兴乡村看过年时的社戏。作者以饱含深情的笔触,刻画了一群农家少年的鲜明形象,表现了劳动人民善良、质朴、友爱、无私的美好品德,表达了作者对少年时代生活的深切怀念,特别是对农家朋友淳朴、诚挚情谊的眷念。今天,我们要学鲁迅先生的另一篇小说《故乡》。这也是一篇短篇小说。小说以"我"回故乡的活动为主线，按照回故乡——在故乡——离故乡的情节安排，依据"我"的所见、所闻、所忆、所感，着重描写了闰土和杨二嫂两个鲜明的人物形象，从而反映了辛亥革命前后农村破败凋敝、农民痛苦不堪的生活现实。这两篇小说写的内容迥异，但语言风格却异曲同工。

五、问题导入法

教师可根据教学的内容，假设问题情境，适时抛出问题，造成观点冲突，既可以激励学生的积极思考，又可以活跃课堂气氛，让学生的课堂讨论达到"大珠小珠落玉盘"的效果。

例如：在教学《死海不死》这篇课文时，我提出一个问题："同学们，可能都身怀绝技吧？会游泳技能的同学请举手？"会游泳的学生兴高采烈，纷纷举手示意，也有不会游泳的学生百思不得其解。这时我话题一转："假如你不会游泳也不要灰心丧气，今天我就带你到神奇的世界，即使不会游泳也不会淹死——那就是死海。今天让我们就一起走近《死海不死》这篇课文，了解它的神秘之处。"这样设置悬念问题的导入，把学生的注意力、兴趣、思维一下子吸引到所提的核心问题上来，促使学生围绕核心问题——死海为什么不会淹死——阅读、感悟、思考，极大地激发了学生的求知欲，从而为这堂语文课的成功奠定了坚实的基础。

六、多媒体影视作品导入法

随着计算机、网络等现代技术的飞速发展，现代教学技术越来越多地走进课堂。能将无声变有声、化枯燥为有趣、化费解于形象的多媒体更多地参与到教学中来。在教学中适时运用多媒体影视作品，创设出鲜活的情境，仿佛为语文教学注入了新鲜血液，多媒体影视作品能更直观更生动地展示与课文相关的素材或内容，且能突破文本的局限性，让学生多角度地观察感知，图、文、声、像全方位地认识，调动学生的学习热情。多媒体影视作品还节约了时间和空间，极大地提高了教师的教学效率和学生的学习效率。

例如：教授《安塞腰鼓》一文时，我用多媒体放映《安塞腰鼓》的视频。被誉为

"天下第一鼓"的安塞腰鼓的打鼓者个个生龙活虎,头系白羊肚毛巾,腰结红绸带,火红的鼓系在腰间,两手舞动鼓槌,上下翻飞,在大鼓、大锣、铜铙及唢呐的伴奏下,他们左蹦右跳,威风凛凛,激情四射,显示黄土高原的炽热情感,这是力量的凝聚与爆发。安塞腰鼓场面宏大震撼,鼓声密布铿锵,步伐强悍有力,阵势变幻多姿,呐喊威武雄壮,给学生留下了深刻的印象,大大增强了语文学习的直观性与趣味性。

又如:教学《智取生辰纲》时,我也设计了多媒体导入方式:首先播放几分钟《水浒传》中智取生辰纲的开始部分——杨志受梁世杰的派遣,押送生辰纲前往东京。五月中旬天气酷热无比,杨志却叫随从军士在炎炎烈日下赶路,众军士怨声载道。到了地势凶险的黄泥冈,众军士实在暑热难当,就不顾杨志的百般劝阻鞭打,放下担子休息。吴用等人则假扮成贩枣商人,假装也在此地歇息。白胜装扮成卖酒汉子沿路叫卖。杨志担心酒里有毒阻止众军士买酒喝。吴用等人故意先买了一桶喝给杨志等人看,吴用再假装从另一桶里舀了一瓢酒喝,实际是借机下蒙汗药。杨志等人不明就里,稀里糊涂地就买了酒喝,结果一个个被蒙汗药迷晕,生辰纲的全部金银珠宝被吴用等人劫走。这个情节的呈现,让学生兴致勃勃地开始了新课的学习。

七、关注生活导入法

世事洞明皆学问,生活处处是语文。作为一名语文老师,一定要有敏锐的眼光和开阔的视野,关注现实生活,并时刻留心学生关注的焦点问题,参与其中,认真体验,迅速抓住学生的注意力,并把这些内容当作课文教学的切入点,顺理成章地从课外转向课内,从而使语文课真正地做到课内与课外紧密结合。

如教学《谈读书》时正逢学校的读书月活动,学生们跃跃欲试,准备各种读书活动:手抄报、读书心得、课本剧表演等琳琅满目。我适时对课程安排做了一些微调,在导入新课时这样讲:"'读万卷书,行万里路。'读一本好书就如同和高尚的人对话。读书活动不仅可以提高个人的文化内涵,还可以提高个人的精神素养,从而产生正确的人生观、价值观。现在适逢我校的读书月,老师看到大家都积极准备，争相参与其中，因此也准备了读书方法的盛宴，今天就让我们一起学习培根的《谈读书》。"学生们听了，有的面带微笑、点头示意，有的差点欢呼起来，每个学生的眼睛里都充满了好奇和惊喜。

八、漫画导入法

用漫画导入，直观、醒目、新颖，能激发学生的好奇心，紧抓学生的注意力，能愉悦课堂，活跃气氛，激发学生学习语文课的积极性、主动性，增强教学效果。

例如：在教学《陈太丘与友期行》这篇文章时，我用粉笔寥寥几笔画出了小儿元方和老者陈太丘的头像，形态各异，栩栩如生。学生们在下面窃窃私语，讨论这两个人物形象是谁。我笑而不语，等到时机成熟便说：这是课文《陈太丘与友期行》中的两个人物，今天我们就一起来学习这篇文章。学生们都兴致勃勃。

如在教学《皇帝的新装》这篇文章时，我事先准备了皇帝新装的简笔连环画稿，让学生在课前传看，上课时与学生交流："同学们刚刚看到的连环画内容是不是很有意思？你们知道这是什么故事吗？"学生们有好多开怀大笑道："这是《皇帝的新装》呀！""那个皇帝是在赤身裸体地游行啊！"好多学生都恍然大悟，也不禁笑了。我连忙抓住时机说："今天就让我们一起学习《皇帝的新装》这篇文章，看看那个愚蠢的皇帝是怎样丑态百出的！"

九、诗歌成语导入法

成语典故寓意丰富，生命力强；诗歌作品情感充沛，耐人寻味。它们就像两棵常青树，枝繁叶茂，根深蒂固，为我们的新课导入提供了丰富的素材。

如在教学《桃花源记》这篇文章时，我提出问题："哪位同学能为大家讲讲'世外桃源'这个成语的意思呢？"学生们争先恐后，各抒己见。最后我给出答案："'世外桃源'是一个成语，原指与现实社会隔绝、生活安乐的理想境界。后也指环境幽静生活安逸的地方。借指一种空想的、脱离现实斗争的美好世界。"学生们此时兴趣盎然，这时我又说："今天就带大家到这个'世外桃源'去看一看。"《桃花源记》这篇课文本身就具有很强的故事性，我又用生动简洁的语言讲述了课文的内容，这不仅让学生有了初步的感知，而且有效地降低了这篇文言文的难度。

又如在教学《我的母亲》这篇文章时，我这样说道："今天老师在讲授新课前想给大家吟诵一首古诗。"学生们热烈鼓掌。"慈母手中线，游子身上衣。临行密密缝，意恐迟迟归。谁言寸草心，报得三春晖。"学生们沉浸在诗歌的意境中，我稍事停顿说："这首诗通过回忆一个游子出行前，母亲为他缝衣的场景，歌颂了母爱的伟大与无私，也表达了诗人对母爱的感激及对母亲深深的爱与尊敬。这首诗感情真挚，千百年来被人们广为传诵。今天我们也要学习一篇关于母亲的文章——胡适的《我的母亲》，让我们一起来感受母亲伟大的爱。"

十、实物直观导入法

教师可以借助实物直观导入教学内容。它往往能一下子吸引学生的注意力，引发他们的学习兴趣。运用实物直观导入比语言描述更清晰、更有效。

如教学《山水画的意境》这篇文章时，我特意向爱好画水墨画的老师借来几幅山水画，其中有幅《黄山烟霞》让学生观摩，并讲述了这幅画的意境：这幅画作营造了极其丰富的意境，志不在画黄山的何处何景，而是极力描绘千峰竞秀，万壑藏云。墨色浓重，处处干笔尽显，尤其是云海的画法，更是体现出苍茫恢宏的气势。阳光和大气的变幻多姿，是作品中最富于活力的因素，那浮动的、温暖的、绚烂的夕阳，模糊了景物轮廓的烟雾霞光，在崇山巨岭的边缘线上，灿如金色的侧逆光；那山脚下如明镜般熠熠闪烁的水田，都源于大自然，又非对自然的简单照抄，而是经过艺术家升华的心灵的创造。厚重的山石与流转的光彩、飘柔的云气，在对比中达到和谐与统一，又在统一中形成烘托对照。这些都是李可染先生山水画艺术沉雄、灵动、厚重、富于生命活力的体现。这样的新课导入，学生们不仅受到了书画艺术的熏陶，对学习课文的积极性也大大增强了。

总之，语文教师要认识到巧妙导入的巨大作用，没有恰当地导入，课堂教学一开始就会是枯燥、呆板和乏味的。因此，作为语文教师在课堂教学中，应根据教学内容的特点和教学活动安排，采取灵活多样的导入形式，以取得最佳的教学效果。导入还应以学生为主体，随机应变，把课堂导入变得生动有趣、引人入胜。但不管采用何种方式和何种角度导入，都必须要结合教材内容和学生实际，要紧贴文本、贴近学生的生活实际，要遵循导向性、启发性、趣味性的原则，应自然恰当，力求新颖别致、卓尔不群。

第五章　课堂问题设计策略

中学语文教学的课堂提问，就是在紧密结合教学内容的基础上，教师通过设计一些恰当的问题向学生提问，引导学生进行思考和探究，达到帮助学生加深所学内容理解和掌握的目的。可以说一个好的问题，能够点燃一个学生的求知欲，一个好的问题能让一节课的内容得到升华。如何进行语文课堂教学中的问题设计呢？

一、要展现语文课堂教学的美，设计的问题应具备"激趣性"

新课标体系，对于学生的教学主体地位给予了高度的关注，同时要求教学能够更有效地激发学生学习的积极性和主动性，有效激发学生对新知识的探究欲望和学习热情，实现对学生语文素养的培养。这就要求教师在教学提问设计的过程中，紧密结合教材内容，科学地设计问题。对于那些语文学习缺乏信心的学生，或者是能力较差的学生，教师应该设计一些侧重于基础的问题，让学生找到学习语文的自信心。

案例（一）在教学阿来的《一滴水经过丽江》一课时，我设计了如下几个问题激发学生学习的兴趣。

问题1：同学们有没有过游丽江的经历呢？当时你是以什么样的身份、情感来游历的呢？

问题2：文章的这一滴水在形体上有了哪些变化？

问题3：这一滴水从源头到丽江到底经历了哪些曲折呢？

问题4：作者以一滴水的身份如何巧妙地介绍四方街呢？

生答：（略）

师明确：

问题1：（略）

问题2：一滴水最初是玉龙雪山上的一片雪，又结成冰，成为冰川的一部分，然后化成一滴水。作者开始交代一滴水的来源，实际上是介绍丽江的源头及其地理位置——玉龙雪山。

问题3：先是玉龙雪山顶上的形体的演变，再是奔入丽江却跌入水洞中，经历漫长黑暗与等待才冒出来,后又经历水车上的眺望和玉河中的徘徊,最终来到丽江,穿行于最美丽的四方街。

问题4:

(1)第三自然段,简单介绍了四方街的历史沿革,因徐霞客扬名天下。

(2)第十自然段,作者化作一滴水在水车上眺望,苍劲的老柏树,重重房屋,蜿蜒老街,自然美丽。

(3)第十三、十四自然段具体而详细的介绍,有银器小店、玉器店、字画店、纳西人家以及黄昏时的茶楼酒吧、喧哗的夜景等。

这样不断地提出问题,一环扣一环,激发学生探索文章的兴趣,让他们深入地理解文章的内涵。

案例(二)我在教学《木兰诗》第二课时,在拓展环节面对不同的对象设计了下面三个问题。

问题1:(面对全体学生)试想你就是木兰姑娘,请你说说替父从军前后的心理活动。(用自己的话归纳)

问题2:(面对全体女生)假如"我"就是木兰姑娘(请发挥合理的想象),说说自己的战斗生活。

问题3:(面对全体男生)假如你是木兰的亲人,十几年没见面了,见到木兰会做些什么? 会说些什么呢?

这样能一下子打开学生的话匣子,从而巧妙地梳理清楚文章的脉络,并且把语文知识和人文精神紧密地结合起来,达到了语文教学人文性与工具性的和谐统一。

二、要展现语文课堂教学的美,设计的问题应具备"导引性"

在课堂教学中,教师对学生的学习具有主导性,所以我们在课堂上提出的问题就要具有"导引性",让学生顺藤摸瓜一步步理清课文的脉络,发现问题、探讨问题、创造性地解决问题。这种引导式的提问犹如把石子投入平静的湖中,能泛起片片的涟漪,激起学生思维的水花。

案例(一)在教学朱自清的《春》一课时,我紧密结合《春》的教学重点,采取了这样一种问题设计策略,引导学生深入课文。

问题1:春天走到了作者的面前,作者看到了什么?

生答:看到了山、水和太阳。

问题2:从本段开始,作者已经开始描绘春天了,既然春天已经来到了作者的面前,为什么不从最小的一草一木写起呢?

学生可能百思不得其解。

问题3:假如班里来了一名新同学,她就站在门口,我们先会观察她的什么呢?

生答:是高是矮,是肥是瘦,是黑是白,等等。

问题4:接下来呢,你还会关注哪些?

生答:看她穿的什么款式、颜色的衣服,怎样的发型,什么款式、颜色的鞋子,甚至是鞋子的品牌,等等。

问题5:这是我们对新来学生总体的印象,然后才会有细微的观察。因为这符合人的一种视觉规律。那么,"既然春天已经来到了作者的面前,为什么不从最小的一草一木写起呢?"这个问题可以回答了吗?

生(跃跃欲试)答:因为这一段是作者对春天的一个整体的描绘,接下来也会有对春天其他景物的细致描绘。

案例(二)我在教学《端午的鸭蛋》一课时梳理课文的过程中,设计了下面几个问题。

问题1:你的家乡端午节有哪些风俗?请你简述端午节的风俗。

问题2:作者先介绍端午节的哪些习俗?

明确:①系百索子②做香角子③贴五毒④贴符⑤喝雄黄酒。而后又详细介绍了家乡特有的风俗:"放黄烟子""吃十二红",进而引出家乡的特产高邮鸭蛋和"挂鸭蛋络子"的习俗。

问题3:你能不能把吃过的咸鸭蛋用一两句话描述一下?

问题4:作者家乡高邮的咸鸭蛋有何特点?作者着重写了哪些内容?

明确:"高邮鸭蛋的特点是质细而油多。蛋白柔嫩,不似别处的发干、发粉,入口如嚼石灰。"其中家乡最有名的是咸鸭蛋,尤其是双黄鸭蛋,因此作者对此进行了浓墨重彩的描述。

通过这样的提问,学生一步步深入了解文章的内容,入情入境地解读课文。总之,教师在设计每一个具有导引性问题的时候,目的是不断拓展学生的思维,让学生深入地探索,在讨论中提高学习效率。

三、要展现语文课堂教学的美,设计的问题应具备"层次性"

语文的教学艺术还在于如何恰当地提出问题和巧妙地引导学生作答,所以我们在备课的过程中,要根据文章的内容,既要创设出适合大多数学生认知水平的问题,还要预设出小部分学生会出现的疑难问题,让本节课的内容难易结合,层层递进。这样学生才能真正地理解问题,语文思维能力得到有效培养,语文素养得到显著提高。

案例(一)在教学曹文轩的《孤独之旅》一课时,我就采用不同层次的问题让各个水平的学生都能参与其中,并有所收获。

问题1:请同学们思考探究,查找文中描写杜小康心理活动的语句,结合下列表格理解他的心路历程,体会他由不成熟到成熟的成长之旅。

不同阶段	不同心理感受
离开油麻地,出发时	茫然和恐惧
到达目的地——芦苇荡	害怕和胆怯
在芦苇荡安静下来	孤独
在芦苇荡时间一久	不再忽然地恐慌
经历暴风雨后	长大坚强

问题2:请同学用勾画批注的方法,找出文中描写环境的语句或段落。

(提示:鸭群、芦苇荡、暴风雨)

问题3:刚刚同学们找的环境描写的段落,经常出现在小说中,这些环境描写有何作用呢?

生答:(略)渲染气氛;烘托人物形象;推动情节发展;深化作品主题。

前面两个问题的设计比较简单,学生的参与度很高,第三个问题则是拔高题,需要语文能力较高的学生总结归纳,最后形成规律性的内容。

案例（二）我在教学《阿长与山海经》这篇课文时，针对不同层次的学生在课末的拓展环节设计了如下问题，目的是让不同层次的学生都能有所收获。

问题1：买《山海经》一事的起因是什么？（请用一句话概括）简介事件的起因、经过、结果。

明确："我"渴慕着绘图的《山海经》了。这渴慕是从一个远房的叔祖惹起来的。

起因：我从远房叔祖那里听说了《山海经》，很想看这样的图画，但别人不肯帮我；我又没有好机会去买，念念不忘。

经过：阿长知道了我的心愿，过了十多天或者一个月，在她告假后的四五天，给我买回来《山海经》，让我又惊又喜。

结果：我对她产生了新的敬意。这四本书是我最为心爱的宝书。此后，我就"更其搜集绘图的书"。

问题2：文中写了哪些人对待这件事的态度？用了什么样的表现手法？作用是什么？

明确：文中写了那位远房叔祖的疏懒，别人又不肯真实的回答"我"，而长妈妈主动来问，"我"知道她并非学者，说了也无益，但既然来问，也就都对她说了，就连"我"也不抱什么希望，没有料到长妈妈会帮助"我"。这里用了对比的写法，突出了长妈妈的善良和对"我"细致入微的关爱之情。

问题3：阿长来问《山海经》时，我是怎样想的？表现了我的什么心理？

明确："我"想她并非学者，说了也无益。之所以这样想，是因为阿长不识字，没文化，不知道《山海经》是怎样的一部书，何况她一向似乎并不善于关心"我"，因此她不会理解"我"渴望得到《山海经》的心情。这表明"我"对阿长心存隔阂乃至轻视。

问题4：当阿长买来《山海经》时，"我"有什么反应？

明确："我似乎遇着了一个霹雳，全体都震悚起来……这又使我发生新的敬意了，别人不肯做，或不能做的事，她却能够做成功。她确有伟大的神力。谋害隐鼠的怨恨，从此完全消失了。"表现了"我"得到绘图的《山海经》的欣喜之态。可谓又惊又喜，感激不尽。

问题5:你怎样理解文中说的阿长"确有伟大的神力"?

明确:因为这件事,"别人不肯做",谁也没有阿长那样知"我"心,谁也没有阿长那样热心;别人也"不能做",有画的《山海经》很难找,要跑多少路,打听多少地方,谁能像阿长这么给"我"操心费事,况且她又不识字,居然买来了。所以说"她确有伟大的神力"。

问题6:文章写阿长买《山海经》的笔墨不多,用的是一种叙述语言。为什么不详写她是如何买到《山海经》的呢?(留下想象的空间。)你认为她是怎样买到这本书的? 提示:她是怎样到处打听,怎样跑书摊书店,操了多少心等。(预设的问题,因为课下已经了解到学生对于《山海经》很感兴趣。)

明确:(略)

问题7:这件事可以表现长妈妈的什么特点?

明确:对孩子观察细致,关心孩子,热心帮孩子解决疑难,乐于助人。

问题8:长妈妈买的《山海经》实际上是一本怎样的书?它在我心中的地位是怎样的?为什么?

明确:刻印十分粗拙的本子,后来失掉了。"但那是我最为心爱的宝书"表明当时给了我极大的震动,让我充满感激。而正是这个偶然的事件,不仅满足了鲁迅的愿望,同时也激发了鲁迅大量买书的习惯,特别是作为少年鲁迅的一部文艺启蒙书,对他以后的创作产生了深刻的影响。这正是鲁迅对长妈妈念念不忘,几次在作品中写到她,对她充满了感激、怀念、敬意的原因。

问题9:结尾两段表达了作者怎样的思想感情?

明确:表达了作者对长妈妈的深切怀念之情。

问题10:你认为本文的题目好不好?为什么?

明确:对于买《山海经》,作者用了大量篇幅和具体的细节描写,作者只是随口说的《山海经》的事,她却真的买来了,这令作者对她产生了敬意。这个情节体现了长妈妈的善良、热心和对孩子的关心、爱护。

问题11:你的童年生活里有没有像阿长这样让你记忆犹新的普通人?你怎样评价他们?谈一谈你的想法和感受。

明确:(略)

四、要展现语文课堂教学的美，设计的问题应具备"开放性"

语文教学的目的，不仅是让学生单纯地掌握语文知识，而是要引导学生不断突破自身思维的局限，有所发现，有所创造。所以在教学中，教师应该根据学生的认知水平设计开放性的问题，指导他们发散思维，不断扩大语文知识的内涵与外延。

案例（一）：在教学《刘姥姥进大观园》一课时，关于文中不同人物笑的描写，我设计了如下问题。

问题1：这篇课文细致地描写了各具情态的笑，给人留下了难忘的印象。请说说主要人物的笑有什么不同，反映了他们各自怎样的性格特点？

明确：凤姐、鸳鸯有意拿刘姥姥取乐表现，反映出她们善于计谋、爱耍小手段、取笑、捉弄人的性格特点。

探春、史湘云、薛姨妈的笑自然流露，反映出她们率真、爽朗、不受拘束的性格特点。

林黛玉的笑极力控制，反映出她含蓄、有教养而又谨慎的性格特点。

宝玉笑时钻到贾母的怀里，反映出他天真、孩子气的性格特点。

惜春笑得肚子疼，让奶母给揉肠子，反映出她娇气、孩子气的性格特点。

贾母笑得眼泪流了出来，反映出她仁慈、富有同情心的性格特点。

问题2：这场"笑"剧的背后包含了作者什么样的思想感情？

生讨论回答：这场"笑"剧的背后包含着作者的悲悯与尊敬，作者正是以悲悯尊敬的眼光来描写刘姥姥这位胼手胝足，换取温饱的小人物；同时，作者也透过刘姥姥的眼睛映射出贾府"朱门酒肉臭"的景象，对贾府的腐败进行了深重的谴责。

案例（二）：在教学《驿路梨花》这篇课文时，我在导入新课，预习检查、正字音后，进入新授课环节时，设计了如下问题。

问题1：由梨花的图片你们想到了哪些关于梨花的诗句呢？请大家畅所欲言。

预设：

柳絮风轻，梨花雨细。——谢逸《踏莎行·柳絮风轻》

梦回人远许多愁,只在梨花风雨处。——辛弃疾《玉楼春·风前欲劝春光住》

玉容寂寞泪阑干,梨花一枝春带雨。—— 白居易《长恨歌》

忽如一夜春风来,千树万树梨花开。——岑参《白雪歌送武判官归京》

问题2:在不同诗句中梨花有不同的象征意义,彭荆风这篇小说的题目"驿路梨花"出自陆游诗句"悬知寒食朝陵使,驿路梨花处处开"。同学们,本文又讲述了一个怎样的与梨花相关的故事?请带着疑问快速阅读课文吧。

问题3:文中的"梨花"又有怎样的含义呢?

这种开放性问题不仅提高了学生的参与度,而且有助于培养学生的思维品质,有效地帮助学生由浅入深地分析问题,融会贯通地理解文章的内容,培养学生的发散思维和探究能力。

五、要展现语文课堂教学的美,设计的问题应具备"适时性"

在语文教学中,通常的情况我们都已经在课前精心设计了一些主要问题,但在课堂中随时会有突发现象出现,所以教师应该灵活追加辅助问题,答疑解惑。学生在探讨主要问题与辅助问题的过程中,有序推进,纵深开拓,既能激发学生的兴趣,发散思维,又能让学生加深对课文内容的理解,高效完成教学任务。

案例(一):在教学杨绛先生的《老王》一课时,我设计了这样一些主要问题。

问题1:是怎样的一种情感让一个濒临死亡的人挣扎着前来报答?"我们"一家又是如何对待老王的回报的?

生答:坐他的车,照顾他的生意;我女儿知道他有夜盲症,便送他大瓶鱼肝油;老王再客气也给他应得的报酬;常询问老王能否维持生计。

问题2:站在普通人的角度来看,"我们"一家仁至义尽地对待老王,可作者每每想起老王,却为什么总觉得心上不安呢?请同学们再一次深入文本去体会我的愧怍。

我引导学生重点研读以下内容:

第12段:他只说:"我不吃。"

第13段:他赶忙止住我说:"我不是要钱。"

第21段:我没再多问。

生:畅所欲言。

师小结:从这些段落的分析中,我们体会了作者内心的愧怍,她对老王的关心或许老王会觉得是出于同情和怜悯,她对于老王的感动和感谢,会让老王觉得缺乏了平等的理解和尊重。老王的死给了作者深刻的反省:那些不幸的人更需要的是心灵上真诚的关爱,而不仅仅是简单物质的帮助。同时,作者的愧怍也正闪耀着一个知识分子的道德和良知的光芒。

这时班里的几个学生眉头紧锁,我知道他们的想法,适时发问。

问题3:如果你是杨绛会怎么做呢?既不会让老王留有遗憾,又不让"我"在老王死后内心愧怍。

生答:收下老王送来的一部分香油和鸡蛋。

问题4:为什么只收一部分香油和鸡蛋呢?全收了不是更好吗?

生答:全收下不符合杨绛先生善良、有爱心和同情心的性格,而且老王的生活和身体状况也不允许全收下。

这时我只能为学生的回答鼓掌,因为他们也是一群善良、有爱心和同情心的人。

案例(二)在《皇帝的新装》这篇童话的教学过程中,我设计了分角色朗读环节。

学生们把握人物特点都各具特色:旁白的自然、平缓,皇帝的傲慢、自负,骗子的油腔滑调、阿谀奉承,大臣们的语调迟缓、故作镇定、毕恭毕敬,小孩的朗读者带着童音的语调,更是把稚气、天真、诚实读得淋漓尽致。这时我觉得时机比较成熟,抛出这样一个难题。

问题:为什么让一个小孩子道出皇帝未穿衣服的真相呢?

学生讨论后明确:正所谓"童言无忌",让一个小孩说出真相符合实际。其次,它虽出自孩子之口,却代表了百姓的意见,以致大家都重复着"他实在没穿什么衣服呀",在这个谎言充塞、欺骗成风的混浊世界里吹来一缕清风。真理之星火开始燎原,让新装失去了神奇,让官员掉下了面具!童话的神奇色彩与现实意义同时呈现出来!

在以往的教学中这里是教学的难点，需要我很多的点拨讲解，学生才会理解。可是有了小孩绘声绘色的朗读表演，这个难题就迎刃而解了。

六、要展现语文课堂教学的美，设计的问题应适当"留白"

语文课堂教学中的留白，旨在为学生留下思考的空间，鼓励其自主探究，培养其自主学习的能力，为语文课增加亮点。"留白"并不是不负责任的不讲，而是让学生自主学习。"留白"在教师充分理解教材、学情和教学目标的基础上给学生合理的设置任务，使之成为课堂教学的延伸。

案例（一）：在教学王鼎钧的《那树》一课时，我在教学中设计了一系列的问题，并把在最后的问题5设计成一个"留白"问题，如下：

问题1：那树最后的结局，能引起我们怎样的感情呢？

生答：痛苦的情感。

问题2：请大家用痛苦的语气把题目读出来（可以加上语气词，如"那树呀！"）

问题3：找出文中表现那树"痛苦"的句子并画出来。

问题4：随着那树一起消失的还有什么呢？

生答：鸟语、孩子的歌唱、乘凉的人们、驻足的情人……

师小结：随着树消失的，不单单是这些自然景物，更是一种古老文明与传统文化生活方式的消失。

问题5：在作者的笔下这棵大树是有灵性的，它预知到自己的结局，它最先告知了生活在它体内的蚂蚁，蚂蚁和那树依依不舍地告别时，绕行一圈，请你想象一下，蚂蚁与那树会互相倾诉些什么呢？

这样的留白问题抛出，学生们自主表达，给课堂教学带来意想不到的效果。在这个过程中，我们无须给学生太多的约束，而是让他们自由结组，去思考、体验、合作、探究，达到理解文章主旨的目的。

总之，问题自有问题之美，问题点亮着人类的思想。教学不是教师的行为，而是师生协同合作的过程。如果问题设计合理而精妙，就能生成默契，并促进学习过程的良好发展，设置具有启发性的问题，有意识地留有空白，发挥学生自主学习与思考的意识，为学生提供思考的空间。

第六章　课堂作业布置策略

　　课堂作业是学生巩固学过知识、拓展创新学习范围的有效途径。新课程标准指出，要珍视学生的独特感受、体验、理解，要注重开发学生的创造潜能，促进学生的持续发展，所以我们就要时时处处体现"以学生为本，一切为了学生发展"的教学思想。我在教学过程中对学生的作业采用分层形式：第一层为学困生，语文基础很薄弱，接受、表达能力较差，几乎没有自主学习习惯的；第二层为中等生，语文基础中等，接受、表达能力一般，学习习惯有待进一步养成，学习能力有待提高；第三层为学优生，语文基础扎实，接受、表达、反思能力较强，能有效自主学习。

　　分层作业是让不同的学生都能体验到成功的喜悦，学困生是"我能做"，中等生是"我会做"，学优生是"我想做"。分层作业在内容和数量上安排要合理，力求让不同层次的学生在语文能力上都得到培养和提高。针对不同层次的学生，我对作业做出了不同的要求。

一、基础类作业

　　这是针对学困生设计的作业。作业的分量较少，难度较低，大多以基础类为主。作业的内容，大都以当天所学的知识为主，如：字词、古诗文、课下注释的背诵、课后简单习题书写和课上反复强调的重点内容的巩固。让学困生有所收获，真正减轻他们的心理压力和学习负担，让他们体验到成功的喜悦。

二、提高类作业

　　这是针对中等生设计的。这类作业面对的是班级中的大多数学生，有对基础知识和基本技能的训练，有重点知识的巩固，有难点知识的适当延伸，目的是让学生掌握本课的知识点，完成当天的学习目标，同时也通过适量的思维训练，进一步提高学生的学习能力。

三、拓展创新类作业

　　这类作业是针对班级的学优生的，用以开阔他们的视野，发展创新语文能力。这类作业是在扎实基础知识、掌握重难点的同时，设计的综合知识面更广、创意性更强的题型。拓展创新类作业能够拓展学生的思路,让学生进行发散思维,培养学生勇于创新的能力,以不断提高学生学习语文的能力和激发他们学习语文的兴趣。

案例(一):《沁园春·雪》这篇文章中我的作业是这样分层的。

1.基础类作业

(1)抄写并背诵《沁园春·雪》。

2.提高类作业

(1)根据课文内容写出相应的句子。

①概括描写北国雪景的句子是:

②具体描写北国雪景的句子是:

③虚写雪后初晴美景的句子是:

④由写景转入评价人物句子的是:

⑤具体评价历史人物的句子是:

⑥歌颂无产阶级革命者句子是:

(2)"山舞银蛇,原驰蜡象","山""原"都是静的,作者却写出它们"舞""驰",这样写给你怎样的感受?

3.拓展创新类作业

(1)本文采用多种写作方法,请举例加以说明。

①实写与虚写相结合的句子是:

②静态与动态相结合的句子是:

③描写抒情议论相结合的句子是:

(2)在《沁园春·雪》中,我们看到的是意气风发、踌躇满志的毛泽东,那么,在逆境之时,他还有如此的雍容与大度吗?请结合《卜算子·咏梅》解析。

案例(二):在教授《送东阳马生序》这篇文章的第一课时,我的作业是这样分层的。

1.基础类作业

(1)熟练朗读《送东阳马生序》。

(2)结合文章注释内容理解文意。

2.提高类作业

(1)根据课文,用自己的话描述作者求学时候的情景。

(2)文章从哪些地方表现了明代太学生优越的学习条件?

(3)作者写这些太学生学习条件优越的用意何在?

3.拓展创新类作业

(1)作者家贫嗜学,乐以忘忧,在老师面前不敢出言以问,谈谈自己怎样看待这种学习态度和从师尊师的方式?

(2)你认为作者身上有哪些值得我们学习和借鉴的品质?

(3)领会作者在写作上的基本特点,分析作者在记叙、描写、议论三者上是怎样自然结合的?

案例(三):在教授《昆明的雨》这篇文章的第一课时,我的作业是这样分层的。

1.基础类作业

(1)课后"读读写写"的生字词抄写并识记。

(2)请从所给三个词语中,选出一个最符合语境的填写在横线上。

①草木的枝叶里的水分都到了_____(调和 饱和 饱满)状态,显示出过分的、近于夸张的旺盛。

②她_____(大概 大约 大体)是怕房客们乱摘她的花,时常给各家送去一些。

③家风中蕴藏着先人所_____(保守 坚守 恪守)的价值理念和道德规范,也包含着简单朴素的为人准则。

2.提高类作业

文中两次写道:"我想念昆明的雨",表达作者的想念之情。以"我想念昆明的雨,就是想念_____"说一句富有诗意的话。

3.拓展创新类作业

(1)课下练习配乐范读,读出文章的情味。

(2)作者是一个善于观察生活的人,也是一个对所生活的地方饱含深情的人,因此,汪曾祺在离开昆明多年以后,依然能写下这样细腻优美、如诗如画的文字,我们在家乡生活这些年,是不是也应该去发现这些司空见惯的事物所蕴含的浓浓情愫呢?请试着以我们生活的地方写一段文字吧!

第七章　板书设计策略

　　语文教学是内容美和形式美的统一，板书是语文课堂教学不可或缺的重要组成部分，是语文课形式美和内容美的外在体现。板书又是辅助教学的一种基本手段，它的直观性、简明性、条理性等，可以弥补语言讲授的不足，激发学生的学习兴趣。在黑板上书写的文字等内容，主要用来概括教学的主要内容并反映本课的重难点、文章的写法、主题思想等，是辅助教学的有效手段，也是教师学生与教材沟通的纽带。

一、布局精巧合理

　　主体框架即本课的重点难点，书写在黑板的中间位置，辅助内容则位于两侧，可以随时删除更换。应该注意的是主体框架与辅助内容之间要间隔有序。

案例（一）：《曹刿论战》板书设计

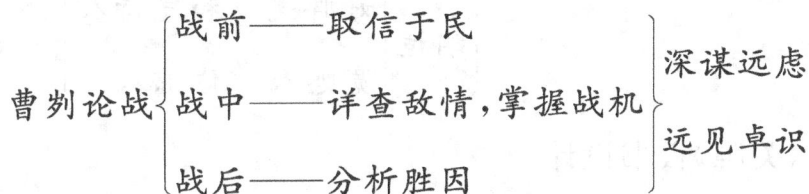

$$
曹刿论战\begin{cases}战前——取信于民\\ 战中——详查敌情，掌握战机\\ 战后——分析胜因\end{cases}\left.\begin{array}{}\\\\\end{array}\right\}\begin{array}{}深谋远虑\\远见卓识\end{array}
$$

案例（二）：《皇帝的新装》板书设计

皇帝的新装

安徒生

$$
\begin{cases}人物：皇帝、骗子、小孩子\\情节：爱新装—做新装—穿新装—展新装\\结局：被揭穿\end{cases}\left.\begin{array}{}\\\\\end{array}\right\}\begin{array}{}鞭挞虚伪\\呼唤真诚\end{array}
$$

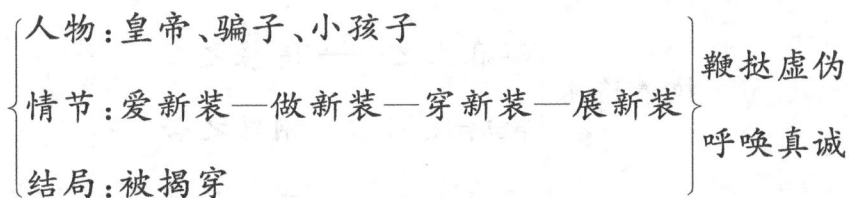

二、框架清晰简明

　　有时一堂语文课的内容会涉及很多，但不管怎样板书上的内容应清晰简明，以突出本节课的主要内容，所以我们在书写时要删繁就简，有所取舍。

案例(一):《一棵小桃树》板书设计

一颗小桃树

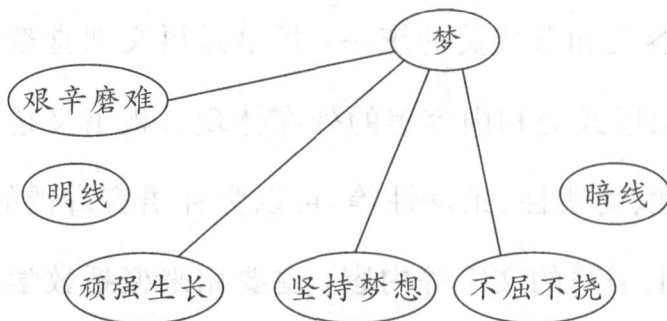

案例(二):《我的母亲》板书设计

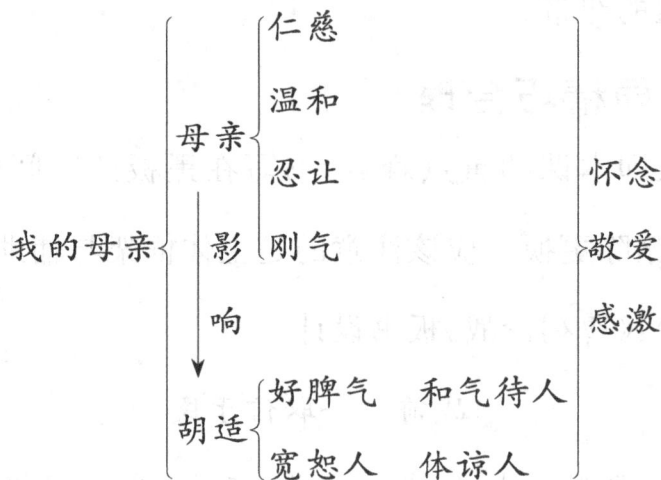

案例(三):《关雎》板书设计

关雎

诗经基本内容:"风""雅""颂"

表达方法:"赋""比""兴"

关雎和鸣——男女相爱

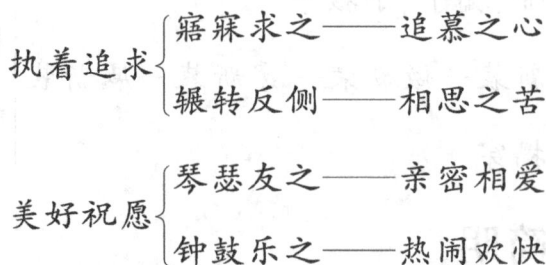

执着追求 { 窈窕求之——追慕之心
辗转反侧——相思之苦 }

美好祝愿 { 琴瑟友之——亲密相爱
钟鼓乐之——热闹欢快 }

三、重点难点突出

　　教材虽是教师教和学生学的主要载体,但教材内容还是相对较多,这需要教师深度挖掘教材内容,把重点内容体现在板书上。课堂讲授内容很多,板书设计一定要言简意赅、简明扼要,这体现教师对教材重点难点的提炼能力。突出重点难点可采用以下方式,如:用独特的字体或醒目的色彩书写,用粘贴纸条或画图的形式、学生代笔的形式突出等。

案例(一):《狼》板书设计

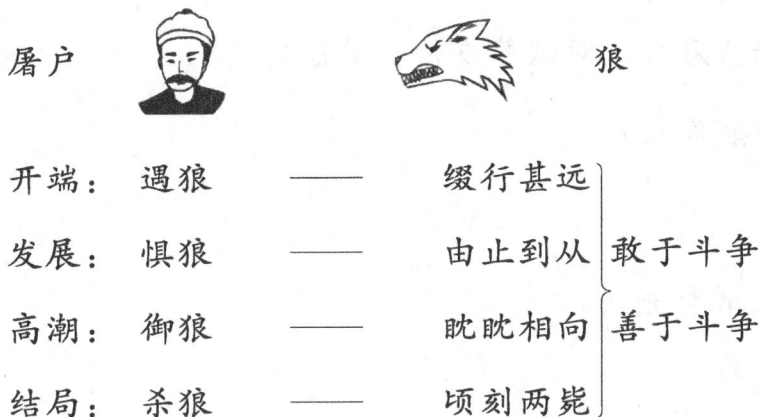

屠户　　　　　　　　　　　　　　　狼

开端: 遇狼 ———— 缀行甚远

发展: 惧狼 ———— 由止到从　敢于斗争

高潮: 御狼 ———— 眈眈相向　善于斗争

结局: 杀狼 ———— 顷刻两毙

注:图片由学生制作并粘贴到板书上。

案例(二):《智取生辰纲》板书设计

《智取生辰纲》

内容:农民起义

局限:只反贪官,不反皇帝

自然环境:天气炎热　　作用:铺垫和推动情节发展

明线:上路———中计———失纲

暗线:定计———施计———劫纲

注:不同颜色的字体突出重难点。

四、师生合作完成

素质教育时代的学生不再是知识的被动接受者,而是教学设计过程的积极参与者。板书设计离不开学生的集思广益,学生充分发挥主观能动性参与到课堂板书的过程中,在合作过程中,学生充分思考,积极表达自身对知识的理解,这种做法对课堂知识内化尤为重要。

案例(一):《社戏》板书设计

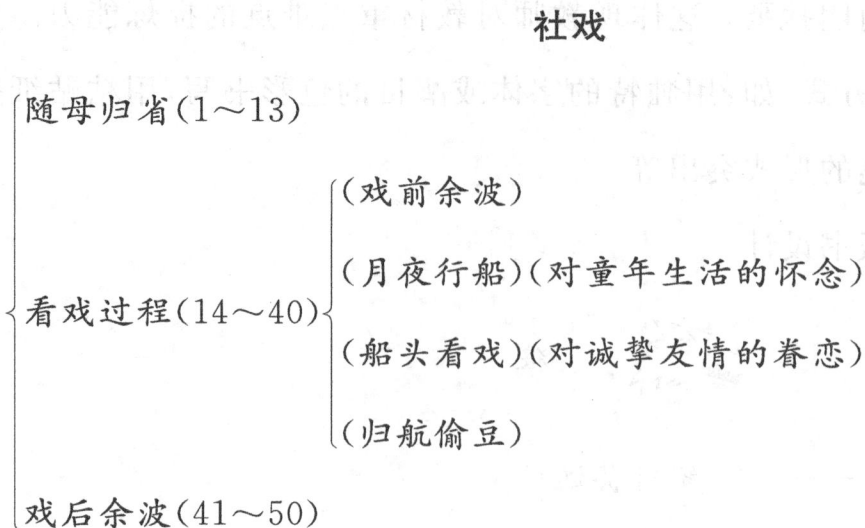

社戏

随母归省(1~13)

看戏过程(14~40)
  （戏前余波）
  （月夜行船）（对童年生活的怀念）
  （船头看戏）（对诚挚友情的眷恋）
  （归航偷豆）

戏后余波(41~50)

注:括号内由学生总结并书写完成。

案例(二):《海燕》板书设计

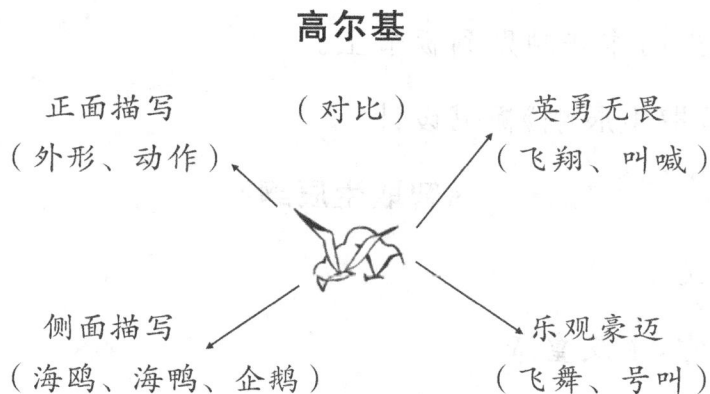

高尔基

正面描写　　（对比）　　英勇无畏
（外形、动作）　　　　　（飞翔、叫喊）

侧面描写　　　　　　　乐观豪迈
（海鸥、海鸭、企鹅）　　（飞舞、号叫）

注:海燕简笔画由老师完成,括号内由学生完成。

五、媒体技术与传统板书的结合

传统板书相对来说比较枯燥单调,有些课例为了加深知识的理解掌握,可以适当加入现代媒体信息技术协助完成板书内容,加入多媒体技术可以从声、像、形等多种角度,刺激学生的多重感官,充分发挥各自优势,创设教学情境,会起到事半功倍的效果。现代媒体形象展示情境,传统板书概括教学内容;现代媒体吸纳教学资源,传统板书呈现生成资源;现代媒体提高课堂效率,传统板书彰显人文特性。

案例(一):《陈太丘与友期》板书设计

陈太丘与友期

注:以上板书内容由多媒体动画呈现。

六、化抽象为形象

板书能言简意赅地展现教学内容,将晦涩难懂的知识清晰简洁地表达出来,有助于学生把握教材重难点,集中精力认真听讲,做好笔记,对学生提高思维能力、记忆力有着重要作用。

案例(一):《奇妙的克隆》板书设计

奇妙的克隆

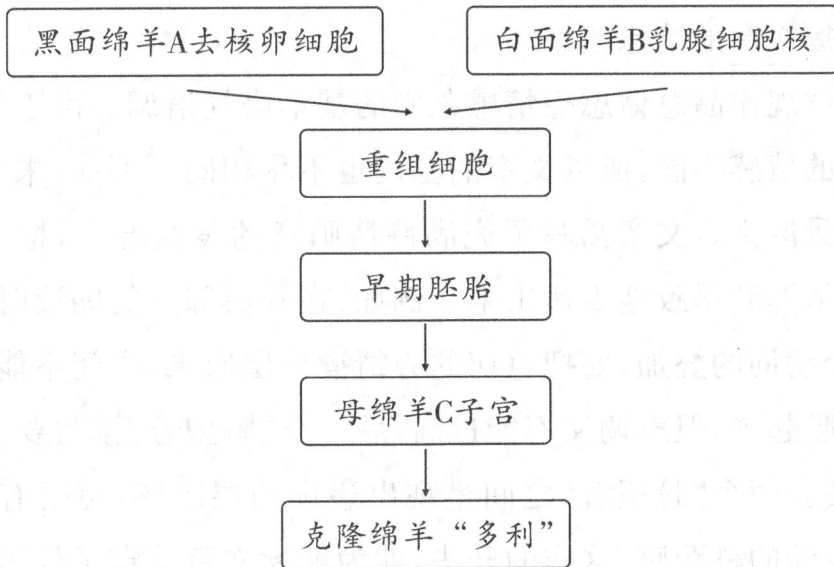

注:以上六张卡片有些可以让学生粘贴。

第八章　朗读——让语文课熠熠生辉

吕叔湘先生说过"语文教学的首要任务就是培养学生各方面的语感能力"。而听、说、读、写是语文课堂教学的主要任务。可见朗读在语文课教学中意义非凡。当然,朗读不是简单地照本宣科,而是把文字作品转化为声情并茂的有声语言的艺术创作活动。

一、初中阶段语文课本中所选课文的体裁主要是散文、小说、议论文、诗歌等。朗读课文时要做到

第一,要准确熟练地运用普通话。

第二,要吐字清晰。

第三,要连贯、流畅、快慢适当。

第四,要感情流露恰当。

二、要想让你的语文课熠熠生辉,就要掌握不同体裁的文章朗读时的不同技巧

(一)散文的朗读

散文一般描写的是真人真事,真情真景。散文在选材上多种多样,且不受时间与空间的限制,既可怀古,又能抒今;既能言情,又能说理。在朗读散文时,有以下几点注意:

1. 总体把握文章的情感基调

基调就是体现作品总体思想情感色彩的基本语气语调。由于作品的题材和作者所要表达的情感不同,所以文章的基调也不尽相同。例如:朱自清的《春》是一篇优美的写景散文。文章描写了充满诗情画意的美丽春光,把作者对春天的喜爱和赞美之情淋漓尽致地表达出来。例如:在开头部分的朗读时,"盼望着,盼望着……"两个动词的叠加,要把急切的心情读出层次来,中间不能停顿,前一个"盼望着"气息吸起来,但声调又不能过高,后一个"盼望着"读得要比前一个更饱满,心情更急切。两个"盼望着"之间呈现出递进的层次感,更要有坚定的语气、渐快的语速、灵动的跳跃感,这样的开头,就为朗读文章奠定了优美、欢乐、欣喜、向上的感情基调。

再如:《回忆我的母亲》一文突出表现了母亲勤劳一生的特点,歌颂了母亲勤劳质朴、宽厚仁慈的美德。"得到母亲去世的消息,我很悲痛。我爱我母亲,特别是她勤劳一生,很多事情是值得我永远回忆的。"开头段是文章的总起段落,沉痛悼念了母亲逝世,引出对母亲的怀念,也奠定了文章的感情基调。因此朗读这篇文章时应该采用质朴、深情的情感,充分表达出对母亲勤劳、质朴、仁慈和宽厚的高贵品质及坚强不屈性格的赞美。

把握作品的基调并不是说一篇散文可以从头到尾用一种语调来朗读,在不同之处采用相应的基调来更好地反映出作者的情感变化。

2.朗读时要感情真挚饱满

散文作品的抒情,不要只满足于把书面语言变为有声语言,还要在朗读技巧上下功夫,如恰当的停顿、重音的位置、适当的语调、快慢适度的语速。在此基础上流露的情感会更真挚饱满。在语文教学中真正做到朗读以情带声、以声传情,达到感染人的力量。

例如:《安塞腰鼓》是一篇通过描绘西北特色艺术——安塞腰鼓来展现人的本质力量和时代精神的抒情散文。它虽短小精悍,但气势磅礴,表现手法丰富多样。在朗读第7段时,开头部分描写了安塞腰鼓表演初始时豪放、壮阔、火烈的阔大场景,颂扬了生命力的激扬四射及不可扼制。因此,"发狠了,忘情了,没命了"三个短句要读得简明快速,但要充满昂扬的力量;"骤雨一样……强健的风姿"这是一组排比句,既要急促,又要富有跳跃性,豪放、火爆、动力十足的腰鼓场面才能呼之欲出;最后,"多么壮阔、多么豪放、多么火烈……"声音的气势要逐渐增强,读出豪迈,读出火烈,结尾又戛然而止,这样恰恰读出了对腰鼓场面、对人的生命力的热情赞美。

3.朗读时要进入作品意境

每篇散文都有具体、生动和可感的形象。这就要求朗读者要恰当运用想象和联想,在心中产生作品描绘的情境并进入其中。只有这样的朗读才能有感人的力量。

例如:朗读老舍的《济南的冬天》这篇散文时,应把自己置身于其中,去探寻阳光下的老城,去领略小雪后的小山,去欣赏济南的碧水蓝天,让学生有身临其境的感觉。

（1）"这一圈小山在冬天特别可爱，好像是把济南放在一个小摇篮里。"把济南放进"小摇篮"，朗读时要读出作者对济南冬天的喜爱，语调应该是轻柔和欣喜的。

（2）"……一个老城，有山有水，全在蓝天下很暖和安适地睡着，只等春风来把他们唤醒"。"睡着""唤醒"将老城人格化，表现了济南"暖和安适"的特点。在朗读时，可以采用舒缓的语气，其间满含浓浓的爱意。

（3）"山坡上卧着些小村庄，小村庄的房顶上卧着点儿雪。""卧"字来描摹村庄、写雪，让它们情态、状样活灵活现了，在朗读时可以采用轻柔的语气语调，读出激动和欣喜。

再如：《紫藤萝瀑布》一文中，作者写紫藤萝花不只是简单地表现了紫藤萝的美丽，更是寄托了作者的情思：人生总会有许多困难和挫折，我们要对生命保持坚定的信念，勇于挑战困难，创造美好的生活。最后两段的朗读尤为注意，那一树平常的紫藤萝就这样深流进了作者的心田，也应该流进每个读者的心田。朗读时应该是深层而又舒缓的，真情流露，把作者对人生顿悟的感觉朗读出来。

（二）小说的朗读

小说是通过人物、情节和环境的具体描绘来反映社会生活。朗读小说时，有以下几点要求：

1. 朗读时要充分表现人物的个性

人物是小说描写的中心，朗读小说时就要把无声的文字转化为有声的语言。我们知道人物语言是人物情感的自然流露，最能把人物的性格特征与内心世界体现出来，所以朗读小说要特别注意读好不同人物的不同语言。小说中的人物都显示着作者的是非评价和爱憎态度，朗读时必须了解作者的创作意图和思想倾向，使自己形成与作者一致的鲜明态度，这样才能准确地表现人物的个性。把那些书面上无法表达的内在的东西，如人物的性格、心理、情感等，通过语气语调的抑扬顿挫、轻重缓急等表达得细致入微。在教学《我的叔叔于勒》时可以采用分角色朗读的方式。师生声情并茂地演绎这个故事："菲利普夫妇"的自私、贪婪、六亲不认和唯利是图，"我"的正直、诚实，于勒的穷苦潦倒都在朗读中被理解把握。

又如：在教学《变色龙》一文时，文中主人公奥楚蔑洛夫善于变色的性格特点极其鲜明。例1:"你把这条狗带到将军家里去,问问清楚。就说这狗是我找着,派人送上的。告诉他们别再把狗放到街上来了。"这处语言描写,在朗读时要读得奴颜媚骨,语调诌媚,充分显示出奥楚蔑洛夫趋炎附势、当面说谎、卑劣无耻的特点。例2:"'我早晚要收拾你!'奥楚蔑洛夫向他恐吓说,裹紧大衣,穿过市场的广场径自走了。"这是主人公的语言、动作,朗读时要声情并茂,语言外表的强悍中应该透露出一丝的恐惧,把他力图保持自己的威风,但对于自己不光彩的表演,却又不无难堪的感受表达出来。

2.读出情节的起伏变化

小说的故事情节分为开端、发展、高潮、结局四部分。从结构方式来看,小说的情节是波澜起伏的。如果自始至终以一种节奏来读,就会让人感到平淡乏味。要避免出现这种情况,就先要理清作者的思路,随着情节的变化改变朗读的节奏。例如:在朗读《故乡》开端部分时,由于这部分大多是故乡萧索、荒凉的环境描写,因而朗读时应该是低沉、平缓而略带悲凉的。而在读高潮部分第20段明朗、美丽、令人神往的瓜地景色时,应该是满怀憧憬和希望的。

3.要区分叙述语言和人物语言

小说的叙述语言可分为叙述故事、刻画人物、描写景物、抒发感情、评论事物的语言。朗读不同人称的作品时,要采用不同的语气、语调,从而反映不同人物的身份和性格。在小说中旁白和人物语言是交织在一起的,朗读旁白时语调略低一些;因为人物语言更能表现人物的性格,所以朗读人物语言时语调要略高一些。

(三)议论文的朗读

议论文是一种以论述主张、阐明道理和说明问题为主的文体。在朗读议论文时讲究抑扬顿挫,从而给人以深刻的印象。朗读时有以下要注意:

1.要紧抓文章的论点

论点是作者所持的见解和主张,是文章的核心部分。朗读时要把中心论点鲜明、突出地读出来。语气肯定、吐字清晰、声音洪亮。为了突出中心论点,可以适当地运用停顿、重音、语调、语速等朗读技巧。

2.充分体现文章的层次结构

议论文的说服力表现在严密的逻辑上,它的论述层次讲究环环相扣,有着严密的逻辑关系。朗读议论文时,要纵观全局,然后通过停顿、语调、语速的变化达到表明观点的目的。段与段保持较大的停顿,层次与层次之间作较小的停顿,并注意语句的连接和组合,用长短不同的顿挫把词语间的关系表现出来。例如在朗读《中国人失掉自信力了吗》一文时,前半部分是驳论,主要基调是痛斥、揭露。而后半部分是立论,朗读基调则主要是表扬、赞颂。

3. 朗读时要语气肯定,讲究语速、重音、停顿

议论文讲究晓之以理,动之以情。如朗读"我们有并不失掉自信力的中国人在"这一观点时,语气必须是坚决、肯定的。在朗读兴奋、激动、愤怒、惊慌的情况时,语速要快些;而在严肃、平静、一般性陈述的地方时,语速要稍慢些。读出重音在议论文朗读时作用很大。它能突出语句的目的,使逻辑关系更严谨,作者的喜恶更鲜明。而停顿可以显示语意,调节气息,突出重点词语,引起听者的注意,还可以表达激动的感情。

(四)诗歌的朗读

诗歌能高度集中地反映现实生活,具有语言凝练、富于想象、节奏感鲜明的特点,能表达作者强烈的感情。

1. 要把握诗歌思想内容,确定情感基调

如《乡愁》一诗,情深意切,"愁"字是它的感情基调。小时候,外出求学,思念母亲,拿起纸笔,凝望小小的邮票,这小小的邮票饱含对母亲的思念。后来,成家立业,为了生计,外出工作。每每回家,窄窄的船票,便是新娘在家苦苦地等待的缩影;后来终于回到朝思暮想的家乡,母子俩天人永隔,矮矮的坟墓让作者心酸至极。而现在,已是两鬓染霜的老人,他伫立台湾海峡,眺望祖国,这浅浅的海峡承载着多少人辛酸的眼泪,什么时候台湾才能顺利回到祖国的怀抱呢!作者既渴望祖国的统一,又把乡愁描摹得淋漓尽致。因此全诗在朗读时定下的基调可以是柔美略带哀伤而又满怀希望的。

2. 根据感情的需要,确定语速

诗歌诵读的语速,也有一定的规律。如果表现紧张的、激动的或欢快的内容,语速可稍快;表现抒情的、低沉的或悲痛的内容,速度可稍慢;表现平实的记叙内容,速度可适中。

如:朗读《诗经》时语速可以稍快一些,读出它的音韵美,在音韵和节奏里读

出诗的韵律和情志。

而在读《我爱这土地》一诗时,语速可放缓,便于情感的抒发。如:"为什么我的眼里常含泪水?因为我对这土地爱得深沉……""深沉"一词既饱含着作者对这片土地深切的热爱,又饱含着对这土地遭受兵燹之灾的沉痛。因而在朗读时语速要放慢,读出深沉的挚爱和深重的苦痛。在一首诗歌中,作者的情感如有起伏变化,语速的轻重缓急也应有所变化。

3. 依据诗歌意境,读准轻重及长短音

诵读诗歌时,读准轻重,读出长短音,才能更好地展示诗歌的情感,读出诗歌的韵味。诗歌内容、意境也是判断诗句的轻重及长短音的重要依据。

如:《沁园春·雪》一诗中:"江山/如此/多娇,引/无数英雄/竞折腰。惜/秦皇汉武,略输/文采;唐宗/宋祖,稍逊/风骚。一代/天骄,成吉思汗,只识/弯弓射大雕。俱往矣,数/风流人物,还看/今朝。"这整节诗激越豪壮。其中,画斜线部分适当停顿,而加点字部分属于重点强调的部分,根据诗歌意境来看,应重读。而每句结尾字则可以这样处理:语速放缓慢,声音稍微拉长。这样,两种强调处理,各有不同。一种重读,一种轻读拉长,诗的韵味便出来了。

4. 依据语境的特点,确定诗句停顿

诗歌诵读,正确处理停顿尤为重要。自然鲜明的节奏,更能增加诗歌的音韵美。从标点的停顿来说:顿号的停顿最短,逗号次之,分号与冒号后的停顿稍长,句号、问号、感叹号和省略号后的停顿更长。但无标点符号之处我们也要注意恰当停顿。一般是"两个音节一拍或三个音节一拍",当然我们还要在多读的基础上,了解诗歌的语境,对诗句的停顿做到心中有数。如朗读《天上的街市》的语言节奏示范:

你看,/那浅浅的/天河,

定然是/不甚/宽广。

那/隔着河的/牛郎/织女,

定能够/骑着牛儿/来往。

俗话说"书读百遍,其义自见"。可见朗读是加深理解的有效方法。中学生正处于朗读记忆的最佳时期,教师应加强朗读的指导,提高学生朗读的兴趣,促进其良好朗读习惯的养成。

第九章　初中阶段考场作文如何扮靓

写作水平的提高,远非一朝一夕之事。但对考场上的考生而言,他的文章是给人看的,不过读者仅限阅卷老师,给多给少全在一念之间。考场作文一般800字左右,且为手写,阅卷者一目十行,立即断出斤两,一笔下去,偏差之难免,就不足为奇了。

于是,就必然涉及文章泛读时给人的总体印象,那么如何让自己的文章更"靓",怎样才能优化评价效果,从圈内人的角度分析阅卷老师的心态习惯,我以为下列几点可以一试。

一、意新则文胜

在写作文的时候如果只注重内容熟,有时会使作文一般化,难获高分。所以考生们在构思的时候还要注意以新颖为前提,动笔之前就应该考虑好立意。

古人说:"意胜则文胜。"可见好的文章总是在文章立意上高人一等。对考生来说,立意新就是要从熟悉的材料中挖掘出独特的感受或观点。具体做法有两种:一是从旧材料中引出新的立意。"生日"是一个带有话题性质的命题作文题,文题后提示给考生充分的写作空间:既可写自己的生日、父母的生日、兄弟姐妹的生日、亲朋好友的生日、老师同学的生日,还可写党的生日、人民共和国的生日……考生们要想脱颖而出必须逆向思维,挖掘新鲜素材,同样是写生日,《生日——祖国日记》选择了更大气的视角:"我是一个美好使者,我被全世界五分之一的人称为祖国,我的年岁并不大,但每次生日都有13亿人无比欢腾地为我庆祝……"文章用日记的形式记录了祖国发展的历程。另一名考生在作文中,避开了最常见的道具——蛋糕和礼物,而选择了标志自己成长又寄托深深母爱的一幕幕。还有的考生结合冬奥会热潮,创造性提出了"冰墩墩"的生日……都表现出强烈的时代感。还有一个考生通过毛毛虫破茧而出,写人生中特殊的磨砺会使我们灵魂升华,这也是一种别样的生日——重生之日,这样的立意表现出考生的求异思维和思想深度。

二、巧拟标题，提升品位

标题是文章的眼睛，有人曾说"好题一半文"，这话虽有些夸大，但不无道理。因此，我们应先让阅卷老师的眼睛亮起来。

怎样才能拟出靓丽的标题呢？考生们可以尝试下面的几种方法。

第一，概括法，就是将作文的内容浓缩提炼成一句话或一个短语作为标题。大多数文章的题目都是用这种方式拟的。如，我校第二学期九年级月考一类文《有一种精神叫……》，文章用先分后总的结构写了几种精神，"有一种精神叫……"既是对全文内容的精要概括，又引起了读者急切阅读下文的兴趣；再如一类文《可贵的大禹精神》，文题也是对文章内容的高度概括。

第二，转移法，就是把歌曲名、歌词、影片名、电视剧名、广告词等，或直接引用或加以变化后作为标题。如《生活不相信眼泪》就套用了电影《莫斯科不相信眼泪》的片名，又如《桃花朵朵开》表达世间的关爱之情，又如《心有多大，舞台就有多大》表达崇高的理想等。

第三，修辞法，就是运用各种修辞手法对文题进行加工，如《心灵那扇门》就运用了比喻的修辞，形象生动；又如在某省 2021 年中考作文中，要求以"有个好心情"为话题作文，有个考生运用拟人的修辞，以《给心情放假》为题，颇具特色，为文章增色不少。

除了拟定文章的标题外，考生们若采用分节的方式结构文章，还可能遇到拟定小标题的问题。

拟写小标题时应抓住内容要点，让阅卷老师一看就能粗知该部分的大意或领会该部分的精神实质；小标题中的短语，应尽可能保持格式上的一致。如一个考生写的《我爱雨季》，就用四个小标题连缀起了全篇——"春雨：喜""夏雨：怒""秋雨：哀""冬雨：乐"，不但读起来朗朗上口，而且明确地表达出各个部分的主要内容及思想感情。

三、突现美点，让文章灵动

文章的美点，具有抓住阅卷老师心灵的非凡力量。

(一)语言美

语言是文章的外衣,是表情达意的重要手段,因此考场作文的评分细则中,语言是评判作文质量好坏的一项重要的标准。凡是好的语言,文章都可得到一定的加分。那么,考生如何展现自己的语言个性、展示语言美呢?

1.让语言富有韵味

韵味就是语言的声韵和谐优美,节奏鲜明,朗朗上口。

(1)使用短句。考场作文尽量少用长句,因为长句既不便于阅读,又易出现语病,而短句则简明,节奏感强。如一考生在《生命的序曲》中这样写道:"拥有生命,你便拥有了活力。时光是飞逝的,人生是漫长的,生命是短暂的,友谊是珍贵的。"全是短小的句子,轻松活泼、流畅有力,读来朗朗上口。

(2)运用排比。一考生在《墙角的花,孤芳自赏》中写道:"小草如果没有阳光的沐浴,怎能长久地健康成长;花儿如果不浇水灌溉,怎能尽情地绽放美丽的笑靥;稻穗如果没有肥沃的土地,怎能使谷穗笑弯了腰啊;人类如果没有别人的帮助,一意孤行,怎么能成就事业呢?"以上语句,内容层层推进,使文章酣畅流利,更有力地表现了作者的感情,吸引阅卷者的眼光。

2.让语言富有趣味

幽默用语。如《我家的哆啦A梦》中有这样一段描写:"那天晚上,我们全家一起高兴地看电视。哆啦A梦(猫的爱称)也正襟危坐地待在那里,一会儿竖起耳朵好像在聆听歌曲,一会儿又张牙舞爪地好像在表演节目。'老帽儿'一般傻傻的,逗得全家人哈哈大笑。"作者把猫当作了自己的伙伴,使用了"正襟危坐""聆听""张牙舞爪"等人格化的词语,"哆啦A梦""老帽儿"也给语言增添了趣味。

3.让语言富有情感

文章不论是写人叙事,还是写景状物,都要情真意切,这样的语言才会有感染力。

(1)饱含感情的描写。例:"转过路口,我惊呆了:干瘦的父亲光着脊背在拉犁,一条粗糙的麻绳紧紧地勒在父亲的肩上,他一步一步地往前挣,条条青筋绽出,母亲在后面扶犁。父母身上的破烂衣服早已被汗水湿透,额头大颗的汗珠滚落下来。"这段文字描写了父母为了给"我"积攒学费耕地的动人情景,震撼人心。可见要想让阅卷者感动,作者必须先感动自己。

(2)运用比喻、拟人等修辞手法。例如:"在我的精心照料下,小树居然活了。它细细的腰杆挺得笔直,尽情地享受阳光的照射、春风的爱抚。微风吹过,它挥动绿色的手掌,像在感谢我对它的照料。"这段描写中运用比喻、拟人的手法写小树的复活,字里行间充满惊喜、爱惜、赞美之情。

(二)结构美

结构美,是针对文章章法说的。

分层可略多,这是针对学生作文中往往"老三段"而言的。分层多一是看起来长短参差,错落有致,有点熟手的样子。二是该强调的精彩之处另起一行卓然独立,免得混在一大堆文字中找不出来,没有重点。

最后可做的是充分发挥标点符号的作用。许多同学笔下惯用的只有逗号,其他如分号、问号、感叹号就不常用,至于省略号、破折号考生们更是难得一试了。多一些手段,表达就更充分,此情此理,不言而喻。

四、卷面整洁,得分关键

好的文面对于考生来说十分关键。毋庸讳言,字迹工整、卷面整洁,会给人以赏心悦目之感;否则,字迹潦草,涂涂改改,甚至难以辨认,给阅卷老师的印象只能是"基本功不扎实",总体衡量文章好坏时,得分自然不会高。当然,一手漂亮的字主要得益于平常的练习。考试时,即使字写得不太漂亮,也要有信心和耐心,尽可能让字迹工整、清晰一些,卷面干净、整洁一些,以避免无谓的失分。

以上是考场作文扮靓的几个方法。但要记住,写出好作文,归根到底要靠平常系统扎实的学习和练习。

第二部分——经验篇

第一章 教案设计实例
第一节 《狼》教学设计

教学目标：

知识与能力：

掌握文言重点字词的字音字义，积累文言词汇。

朗诵文章，理解文章的内容和中心意思。

过程与方法：

抓住重点语句，理清屠户的心理变化过程。

情感态度与价值观：

认识狼贪婪、凶残和狡诈的本性。

懂得对待像狼一样的恶势力要敢于斗争、善于斗争，才能取得胜利的道理。

教学重点：

掌握文言重点字词的字音字义，积累文言词汇。

训练学生的朗读、感悟和熟读成诵能力。

教学难点：

抓住重点语句，理清屠户的心理变化过程。

课前预习：

查找作者蒲松龄的相关资料。

利用工具书，解决字词问题，力争把课文读通顺。

结合课文注解，初步理解课文大意。

教学过程：

一、关于狼的故事导入

有个富人偶然得到两只狼崽，将它们和自家的狗混养在一起，开始时狼和狗倒也相安无事。两只狼崽稍稍长大些，也很驯服，渐渐地富人竟然忘记它们是狼。有一天，富人在客厅里休息，睡着后忽然听到狗"汪汪"地发出吼叫声，他惊醒一看,周围一个人也没有。于是又躺下,快睡着时,狗又像刚才一样再次咆哮。他便假装睡着,才发现原来那两只狼想等他睡去没有防备时,咬断他的喉咙,忠诚的狗发现了狼的企图,便阻止狼不让它们靠近主人。富人知道后立即把狼杀掉,并把它们的皮扒了。狼是肉食动物,本性凶恶,开始时,这两只狼只不过把凶恶的本性隐藏起来罢了,这就是"狼子野心"的故事。今天我和大家还要学习一篇关于狼的文章——蒲松龄的《狼》。(板书课题)

二、记忆作者,感知作品

作者蒲松龄,字留仙,号柳泉居士,清朝人,是我国著名的文学家。

《聊斋志异》是一部文言短篇小说集,它的内容丰富多彩,故事大多采自民间传说和野史轶闻。作者通过谈狐说鬼,讽刺了当时社会的黑暗、官场的腐败和科举制度的腐朽。

三、预习检测

学生以"开火车"(由甲同学回答问题开始,下一名回答问题的同学采用甲同学向左、向右、向前、向后的方式随机指定,以此类推"开火车",直到问题回答结束)的方式回答以下词语的读音。

缀行甚远(　　　)　　屠大窘(　　　)　　苫蔽成丘(　　　)

弛担持刀(　　　)　　眈眈相向(　　　)　　少时(　　　)

目似瞑(　　　)　　意将隧入(　　　)　　止露尻尾(　　　)

狼亦黠矣(　　　)　　顷刻两毙(　　　)

四、个性阅读,读通文本

(一)自由读课文

提出要求:注意读准字音,注意文言停顿、语气语调。

(二)请同学展示朗读

提出要求:读准字音,注意节奏,读出感情。

(三)观看朗读视频

提出要求:注意感知故事发生的环境,体味屠户的心理变化。

(四)齐读课文

提出要求:注意体会狼的本性及屠户的性格。

五、结合注解，疏通文义

（一）小组合作

结合课下注释，自主疏通文义。（疑难问题小组内质疑，组内解决不了的，班级内质疑、释疑。）

（二）检测学生重点字词的掌握情况

采用全班随机抽取几名同学回答问题的形式，检测重点字词的掌握情况。

屠惧，投以骨：恐惧。	一狼仍从：跟随。
而两狼之并驱如故：追赶。原来。	意将隧入以攻其后也：想。
屠大窘：处境困迫，困窘。	顾野有麦场：看到。
目似瞑：闭眼。	屠暴起：突然。
又数刀毙之：杀死。	屠自后断其股：大腿。
乃悟前狼假寐：睡觉。	狼亦黠矣：狡猾。
一狼得骨止：停止。	止增笑耳：通"只"，只是。

（三）一词多义，请同学们快速完成连线题

1."之"字的一词多义

（1）又数刀毙之。————————代词：它，指狼。

（2）禽兽之变诈几何哉。————————助词：的。

（3）久之，目似瞑，意暇甚。————————助词：用在句尾，调整音节，舒缓语气，不译。

（4）而两狼之并驱如故。————————用在主谓之间，取消句子独立性，不译。

2."以"字的一词多义

（1）投以骨。————————————介词，把。

（2）以刀劈狼首。————————————介词，用。

（3）意将隧入以攻其后也。————————连词，用来。

3."其"字的一词多义

（1）恐前后受其敌。————————————指柴草堆。

（2）场主积薪其中。————————————指打麦场。

（3）屠乃奔倚其下。————————————指狼。

（4）一狼洞其中。————————————指柴草堆。

（5）意将隧入以攻其后也。————————指屠户。

六、发散思维,理解文章

第一,请大家在空中填写一个动词,概括每段的意思。

屠户:第1段 __遇__ 狼,第2段 __惧__ 狼,第3段 __御__ 狼,第4段 __杀__ 狼。

第二,这篇文章作者精彩描写了屠户与狼险象环生的斗争过程,但屠户在这生死攸关的时刻最终战胜了狼,展现了人类的聪明才智。请同学们动脑筋,展开合理想象,屠户在与狼博斗的过程中,他的心理有怎样的变化过程?

场景预设:暮色袭来,夜越来越黑了,郊外的小路上寂静阴森,远处的冷风不时发出凄厉的嘶吼,屠户卖完肉独自回家。突然,他发现有两只饥肠辘辘的狼在紧紧地跟随着他……

_____

_____

_____

_____

_____

提示词语:危机四伏、心存侥幸、镇定自若、妥协退让、果敢自信、心存幻想、打定主意、面不改色、惊喜交集……

七、合作探究,掌握主题

第一,"止增笑耳"的仅仅是这两只狼吗?作者嘲讽的仅仅是恶狼吗?

明确:作者嘲讽的不仅仅是恶狼,而是借"狼"来讽喻当时社会上像狼一样的恶人及恶势力。

第二,如果你遇到危险,从屠户战胜狼的故事中,你获得了怎样的启示呢?

明确:

人有狼所没有的智慧、勇气和力量。

讽喻了像狼一样的恶人,不论怎样狡诈,终归要失败的。

告诫人们对像狼一样阴险狡诈的恶势力,不能存有幻想、妥协退让,要敢于斗争、善于斗争,才能取得胜利。

八、课后作业,巩固落实

必做:

背诵并默写这篇古文。

选做:

找出《狼三则》另两则阅读并能初步理解。

九、板书设计

遇
惧
敢于斗争　　　　　　屠户　　御　　　　　狼　　善于斗争
杀

十、教学反思

通过这一次教学,我认识到,学生是具有生命的个体,他们有认知、思考的能力,有自己独特的思维方式,教师应该把主动权和选择权交给学生。学习是自我实践的过程,自主探究就是让学生带着问题学习,在学习过程中又不断地生成新的问题。解决什么问题、怎么解决应是学生自主的行为,教师不可包办代替。学生在解决问题的过程中,教师的作用是点拨引导、提供条件、补充资料、创设氛围。试想:一个婴儿学走路,是父母教会的,还是自己经过无数次的摔倒、体验学会的呢?虽然学生对问题的认识不够全面和深刻,但毕竟是他们自我感知、自我提出的。自己提问题还要靠自己解决,这才回归了教学的主体。在整个痛苦的磨合过程中,我对于"学生是学习和发展的主体"有了更深的理解!

第二节　《孤独之旅》教学设计

教材分析:

《孤独之旅》是九年级上册第四单元的第三篇小说,是一篇自读课文,节选自曹文轩的长篇小说《草房子》。课文讲述了杜小康和杜雍和离乡放鸭生活的故事,主人公杜小康在经历暴风雨后战胜孤独、恐惧,逐渐成熟、坚强的成长历程。小说中有大量有特色的自然环境描写,如芦苇荡、暴风雨、鸭群等,为主人公的成长、成熟提供广阔的生活背景。学习这篇课文,引导学生结合自己的生活实际,理解主题,丰富情感体验,对比自己的生活形态,树立奋勇前进的信念,培养战胜困难的勇气,从中获得新的人生启示。

学情分析:

　　九年级学生已经初步掌握小说的基本知识,具备了一定的理解能力和生活阅历,但由于这部作品以 20 世纪 90 年代和农村生活为背景,文中的环境描写对表现人物性格的作用,学生对其准确把握理解存在一定难度,教学时,可以在这个方面进行重难点突破。主人公的心理变化过程也是他成长的体现,在教学时也可以作为重点。

课时安排:1 课时

教学目标:

知识目标:

理解并积累"嬉闹、掺杂、胆怯、给予、撩逗、歇斯底里"等重点词语。

理清小说故事情节,学习人物的心理变化描写。

能力目标:

理清小说情节:开端——发展——高潮——结局,把握课文主题。

分析小说中环境描写对表现人物性格等方面的作用。

情感态度与价值观目标:

感悟人物的成长历程。

树立奋勇前进的信念,培养战胜困难的勇气,从中获得新的人生启示。

教学重点:

理清主人公不断成长的心理过程。

文中的环境描写对表现人物性格的作用。

教学难点:

理解环境描写的作用。

教学方法:

朗读法、圈点勾画法、小组合作学习法

教学过程:

一、导入新课

播放姜育恒的歌曲《孤独之旅》,创设情境。小小少年总要长高,烦恼和孤独总会伴随我们成长,那么孤独是什么? 今天,就让我们一起去感受一位小小少年,因家道中落而失学,跟随父亲到芦苇荡放鸭的孤独经历。让我们一起走进曹文轩的《孤独之旅》,一起领略杜小康的成长历程吧!

二、预习检测

(一)作者简介

曹文轩,当代作家。1954 年生于江苏盐城。1977 年毕业于北京大学中文系,后留校任教。2016 年获得国际安徒生奖。著有《山羊不吃天堂草》《草房子》《红瓦》《根鸟》《青铜葵》等作品。本文节选自长篇小说《草房子》。

(二)检查预习给加点字注音

嬉闹(　　)　　　　凹地(　　)　　　　稠密(　　)

雍(　　)　　　　　掺杂(　　)　　　　胆怯(　　)

给予(　　)　　　　觅食(　　)　　　　撩逗(　　)

戳破(　　)　　　　旧茬(　　)

三、朗读课文,感知"孤独"

(一)学生放出声音自读课文,理清小说故事情节

1.这篇小说中涉及的主要人物是谁?

杜雍和和杜小康。

2.复述课文内容,注意在复述时要运用小说的三要素——人物、情节、环境。

学生复述示例如下:杜小康被迫退学后,跟随父亲去异乡放鸭,在这个过程中经历暴风雨,杜小康找回走散的鸭子,他长大了,变得坚强了。

(二)学生分组交流、归纳,教师点拨

开端——家道中落,辍学随父放鸭

发展——撑船赶鸭,苇荡安家放鸭

高潮——苇荡遇雨,经受磨砺考验

结局——与鸭一起成长成熟

四、研读课文

(一)理清心路历程:结合导学案,圈点勾画出文中描写杜小康心理活动的相关语句,理清他不断成长成熟的心路历程,完成下列表格。

不同阶段	不同心理感受
离开油麻地,出发时	茫然和恐惧
到达目的地——芦苇荡	害怕和胆怯
在芦苇荡安静下来	孤独
在芦苇荡时间一久	不再忽然地恐慌
经历暴风雨后	长大了,坚强了

（二）理解环境描写的作用：请同学以小组为单位，采用勾画批注的方法，找出文中描写环境的语句或段落，讨论这些景物描写有何作用？（提示：芦苇荡、暴风雨、鸭群）

芦苇荡：

例："这才是真正的芦荡。是杜小康从未见过的芦荡。到达这里时，已是傍晚。当杜小康一眼望去，看到芦苇如绿色的浪潮直涌到天边时，他害怕了——这是他出门以来第一回真正感到害怕。芦荡如万重大山围住了小船。杜小康有一种永远逃不走了的感觉。"

小组讨论后归纳总结作用：作者笔下无边无际的芦荡给人巨大的心理压力，渲染了令人恐惧的氛围，增添了杜小康内心的恐惧和害怕，也为下文情节的发展做了铺垫。

暴风雨：

例："一大早，天就阴沉下来。天黑，河水也黑，芦苇荡成了一片黑海。杜小康甚至觉得风也是黑的。临近中午时，雷声已如万辆战车从天边滚过来，不一会儿，暴风雨就歇斯底里地开始了，顿时，天昏地暗，仿佛世界已到了末日。四下里，一片呼呼的风声和千万枝芦苇被风折断的咔嚓声。"

小组讨论后归纳总结作用：可怕的暴风雨冲垮了鸭栏，惊散了鸭子，烘托出杜小康害怕恐慌的心理；但也正是有了这暴风雨，让原本孤独恐惧的杜小康有了成长的机会和舞台，从而推动了故事情节的发展。

鸭群：

例1："鸭群在船前形成一个倒置的扇面形，奋力向前推进，同时，造成了一个扇面形水流。每只鸭子本身,又有着自己用身体分开的小扇面形水流。它们在大扇面形水流之中,织成了似乎很有规律性的花纹。无论是小扇面形水流,还是大扇面形水流,都很急促有力。船首是一片均匀的、永恒的水声。"

小组讨论后归纳总结作用:此处的环境描写突出了划船赶鸭的速度之快和父子俩对前途的未知,烘托出他们此时茫然无助的心理,也表现出杜小康的幼稚、软弱和恋家,也增添了对家乡生活的留恋。

例2:"鸭们十分乖巧。也正是在夜幕下的大水上,它们才忽然觉得自己已成了无家的漂游者了。它们将主人的船团团围住,唯恐自己与这条唯一能使它们感到还有依托的小船分开。它们把嘴插在翅膀里,一副睡觉绝不让主人操心的样子。有时,它们会将头从翅膀里拔出,看一眼船上的主人。知道一老一小都还在船上,才又将头重新放回翅膀里。"

小组讨论后归纳总结作用:鸭子"乖巧听话"以唯一的小船做依靠,以鸭子的恐惧感反衬出杜小康的恐惧,也烘托出父子俩在异乡的夜幕下孤独和无依无靠的心理。

例3:"鸭们也长大了,长成了真正的鸭。它们的羽毛开始变得鲜亮,并且变得稠密,一滴水也不能泼进了。公鸭们变得更加漂亮,深浅不一样的蓝羽、紫羽,在阳光下犹如软缎一样闪闪发光。"

小组讨论后归纳总结作用:以鸭子长大了、成熟了,象征小康长大了、坚强了,从而点明并深化小说主题。

(三)学生归纳总结小说环境描写的作用,教师点拨补充,总结如下:

1.渲染某种气氛

2.烘托人物某种心情

3.推动故事情节发展

4.点明或深化作品主题

5.象征或暗示的作用

6.与上文或下文形成对比、呼应或衬托等

7.交代故事发生的时间、地点、背景等

8.为下文做铺垫或埋下伏笔

9.寄托人物某种情感

10 反映人物某种精神、品质、性格等

……

五、探究发现

（一）恶劣的环境能塑造人坚强的性格,我们通过学习这篇文章,感受到了杜小康成长的历程,他长大了、坚强了。你觉得杜小康是一个怎样的孩子,用一两句话把你心目中的杜小康描述一下吧!

生回答后归纳:杜小康是一个有责任心、勇敢懂事、敢于面对困难、勇于承受孤独、念念不忘求学、很上进执着、能理解父母的孩子。

（二）同学的回答都有自己独特的感受。你们的年龄段正与杜小康相仿,学了他的经历,对你有没有什么启示?

启示可以是多角度的,如:

1.在生活中遇到困难时也要像杜小康一样勇敢面对,还有要对含辛茹苦的父母多一些理解。

2.人要勇于在孤独中磨炼自己,才能练就坚强的性格。

3.在人的成长过程中,难免会有很多孤独和困难,我们需要在孤寂困难中磨炼,这样才能长大成人,这样我们才更自信、更坚强。

4.孤独是成熟的催化剂,苦难是成长的助推器。人必须经历艰难困苦的磨炼,忍受孤寂的锤炼才能不断地成长。

六、直面"孤独"

（一）我们与杜小康走完了这段孤独之旅。学习这篇文章之后,请结合自己的学习或生活经历谈谈,你有怎样的收获和感悟?

（二）生谈感悟(略)

（三）教师总结:

"在人生的道路上,每个人都是一个孤独的旅客。"这是季羡林先生的至理名言。我想:如果改变不了孤独,那就让我们好好享受它。一个人承受孤独的能力有多大,他的潜力就有多大。"阳光总在风雨后,请相信有彩虹。"

七、布置作业

必做:

反复诵读课文,摘抄文中的精彩段落,加以鉴赏,积累语言。

选做:

1.课后阅读曹文轩的《草房子》,进一步理解小说主题。

2.生活的磨砺,暴风雨的洗礼,让杜小康长成小小的男子汉。在我们的成长过程中,会遇到欢乐,也会遇到痛苦;会遇到成功,也会遇到失败。请把你的经历写一写,字数在300字以上。

八、板书设计

《孤独之旅》 曹文轩

(一)环境描写:芦苇荡、暴风雨、鸭群

(二)环境描写的作用:

1.渲染某种气氛

2.烘托人物某种心情

3.推动故事情节发展

4.点明或深化作品主题

5.象征或暗示的作用

6.与上文或下文形成对比、呼应或衬托等

7.交代故事发生的时间、地点、背景等

8.为下文做铺垫或埋下伏笔

9.寄托人物某种情感

10反映人物某种精神、品质、性格等

······

九、教学反思

在以前的自读课文教学中,我也会这样词句品析、朗读感悟,总是怕学生读不通、弄不懂,所以往往把一课时的教学时间变成两课时、三课时,自己的课上得累赘,还拖延了教学进度,学生的独立阅读能力也得不到很好地培养。经过自省,我意识到,自读课不是讲读课,也不是作业课,而是教师指导自学的课。自读课文应以学生的体验、实践、思考为主,教师应该做的是课前方法上的指引,课中学生自读时发现问题巡视点拨,和学生一起交流,从而解决问题。自读课的教学应该是沟通课内外阅读的桥梁,自读课文需要向外拓展延伸的内容有很多,需要我们精心搜集整理与文本有关的文章和资源等,为学生搭起一座通往课外阅读的桥梁。

第三节 《刘姥姥进大观园》教学设计

教学目标:

知识与能力:

掌握"蓼溆、麈、砒霜"等字词的读音,以及"篾片、调停、促狭鬼"等词语的含义。

了解《红楼梦》和曹雪芹。

把握文章主旨。

过程与方法:

学习借鉴本文刻画刘姥姥这一人物形象的方法。

分析、概括刘姥姥的性格特点。

情感态度与价值观:

塑造不慕富贵、勤俭节约的良好品质。

教学重点:

把握文章主旨;分析、概括刘姥姥的性格特点,学习借鉴本文刻画刘姥姥这一人物形象的方法。

教学难点:

学习借鉴本文刻画刘姥姥这一人物形象的方法,把握其性格特点。

教法学法:

阅读法、合作探究法。

教学过程

一、导入新课

《红楼梦》是我国四大名著之一。又名《石头记》《金玉缘》,以贾、王、史、薛四大家族为背景,以贾宝玉和林黛玉的爱情故事为主线,围绕两个主要人物的感情纠葛,描写了大观园内外一系列青年男女的爱情故事。其中写笑最经典的就是刘姥姥二进荣国府席间这幅群笑图,可以说,群笑图中每个人物都个性鲜明、栩栩如生、呼之欲出。他是怎样生动传神地描写出众人的笑态呢?在他笔下,每个人的笑又有什么不同的特点呢?今天就让我们一起走进《刘姥姥进大观园》去感受一下吧!

二、预习检测

(一)作者简介

曹雪芹(约1715—约1763),名霑,字梦阮,号雪芹,又号芹溪、芹圃,中国古典名著《红楼梦》的作者,祖籍沈阳(一说辽阳)。曹雪芹出身清代内务府正白旗包衣世家。

(二)作品简介

《红楼梦》是我国古代小说的巅峰之作。小说以贾宝玉、林黛玉的爱情悲剧为线索,描写了以贾家为代表的四大家族的兴衰史,在充分揭露地主阶级、贵族集团腐朽本质及其必然没落的历史命运的同时,也歌颂了这个阶级中富有叛逆精神的青年,有"中国封建社会的百科全书"之称。

(三)文体常识

古典章回体小说。章回体,中国古代长篇小说的一种叙述体式。其特点是将全书分为若干章节,称为"回"或"节",如《红楼梦》就是以"回"为单位的章回体小说。

(四)"开动小火车"回答问题

(由甲同学回答问题开始,下一名回答问题的同学采用甲同学向左、向右、向前、向后的方式随机指定同学,以此类推"开火车"的方式回答以下词语的读音。)

一径(　　　)　　潇湘馆(　　　)　　蓼溆(　　　)　　捏丝戗金(　　　)

漱盂(　　　)　　麈尾(　　　)　　四楞(　　　)　　铁锨(　　　)

发怔(　　　)　　篾片(　　　)　　银箸(　　　)　　楠木(　　　)

调停(　　　)　　促狭鬼儿(　　　)　　筵席(　　　)　　嬷嬷(　　　)

(五)采用随机抽签的方式解释下列词语

一径:_____　　　　调停:_____

蓼溆：_____ 　　捏丝戗金：_____

相干：_____ 　　发怔：_____

不伏手：_____ 　　促狭鬼儿：_____

三、初读课文，整体感知

（一）请用一两句话概括课文讲了一件什么事

学生回答后明确：刘姥姥二进贾府，与大家一起吃饭时出丑，逗得上上下下大笑不止的事。

（二）请大家给文章划分结构，并概括每一部分的大意

1. 第一部分（1～3）：写凤姐、鸳鸯等人设局取笑刘姥姥。

2. 第二部分（4～10）：写刘姥姥上演"笑"剧的全过程。

3. 第三部分（11）：写刘姥姥上演"笑"剧后的感慨及凤姐、鸳鸯等人以实情相告。

（三）刘姥姥进大观园后表演的"笑"剧是谁导演的？她们为什么要导演这场"笑"剧？

学生回答后明确：是由凤姐、鸳鸯等人导演的。她们觉得刘姥姥的言行举止与大观园有些格格不入，甚至很滑稽可笑，于是就拿刘姥姥来开涮、取笑。

四、再读课文，深入品味

（一）自由读第二部分，这一部分细致地描写了各具情态的笑，给人留下了难忘的印象。请说说这些人物的笑有何不同，反映了各自怎样的性格特点

1. 先请大家自读这部分内容，画出描写每个人物各具情态笑的语句。

2. 请同学用多媒体连线的方式，把不同人物的笑与反映他们性格特点的语句联结起来。

(1)"李纨笑劝道：'你们一点好事儿不做！又不是个小孩儿，还这么淘气。仔细老太太说！'"此举表现了李纨怎样的性格特点？

(1)反映人物仁慈、富有同情心的性格特点。

（2）"黛玉笑岔了气，伏着桌子'嗳哟！'"林黛玉的笑表现了她怎样性格特点？

（3）"探春的茶碗都合在迎春身上。"这里只言片语写了迎春，这是一种怎样的写作手法，表现了迎春怎样的特点？

（4）"独有凤姐鸳鸯二人掌着，还只管让刘姥姥。"一句可以看出凤姐、鸳鸯有着怎样的特点？

（5）"宝玉滚到贾母怀里，贾母笑的搂着叫'心肝'。"这句描写宝玉的"笑"表现了宝玉怎样的性格特点？

（6）贾母笑的眼泪出来。

（2）人物笑但又极力控制，反映出人物含蓄、有教养而又谨慎的性格特点。

（3）此处点到人物，却未描绘其情态，作者运用了"不写之写"的手法，"不写"人物的笑，反映人物独特的性格——懦弱、麻木，感情不外露。

（4）人物笑而不露，反映出人物善于计谋，爱耍小手段、取笑、捉弄人的性格特点。

（5）显示人物厚道朴实的性格特点。

（6）反映出人物的天真、孩子气的性格特点。

（二）品味人物性格

1. 找出描写刘姥姥吃鸽子蛋的语句，说说加点词语的表达效果。

"刘姥姥便伸筷子要夹，那里夹的起来？满碗里闹了一阵，好容易撮起一个来，才伸着脖子要吃，偏又滑下来，滚在地下。"

明确：

"闹""撮"两字写出了刘姥姥使不习惯沉且滑的筷子，夹不住鸽子蛋，以至于鸽子蛋满碗乱跑的情形，生动传神地写出了刘姥姥夹鸽子蛋时的窘态；"伸"字传神地写出刘姥姥吃鸽子蛋时的小心翼翼和憨态可掬；"滑"和"滚"两字描摹出了筷子光滑、鸽子蛋小且鸽子蛋掉落的迅急。这些动词突出了刘姥姥的朴素憨厚、没见过世面、精明圆滑的性格特点。

2. 读一读第三部分，思考：刘姥姥明知道鸳鸯等人要"拿她取个笑"，为什么还要积极配合呢？

明确：

刘姥姥明知道鸳鸯等人要拿她取个笑，虽心知肚明，却仍积极配合，是因为她甘愿博众人一笑,这表现了刘姥姥的聪明圆滑、深谙生存之道,当然这种圆滑里包含着深深的奴颜婢膝。

3.这场"笑"剧的背后包含了作者什么样的思想感情?

明确:

刘姥姥是《红楼梦》里出现的一个小人物。作者对她却情有独钟般地加以塑造。作者首先是同情她,让她有充分施展自己的舞台。她解救巧姐,那就不仅仅是同情而是崇敬了;然后是启发我们思考,作者很显然是通过塑造这样一个人物形象,对贾府的命运从穷奢极欲到逐渐衰败寄予了深深的鞭挞和批评。

五、拓展延伸

(一)下面是《红楼梦》中的人物描写,请说说分别写的是谁?

1.一双丹凤三角眼,两弯柳叶吊梢眉,身量苗条,体格风骚,粉面含春威不露,丹唇未启笑先闻。(王熙凤)

2.两弯似蹙非蹙罥烟眉,一双似喜非喜含情目。态生两靥之愁,娇袭一身之病。(林黛玉)

3.唇不点而红,眉不画而翠,面若银盆,眼如水杏。(薛宝钗)

4.霁月难逢彩云易散,心比天高身为下贱。(晴雯)

(二)金陵十二钗都有谁?

明确:金陵十二钗有:薛宝钗、林黛玉、贾元春、贾探春、史湘云、妙玉、贾迎春、贾惜春、王熙凤、贾巧姐、李纨、秦可卿。

六、布置作业

必做:进一步揣摩本文是如何刻画各色人物"笑"的。

选做:恰当运用语言、动作、神态等描写人物的方法,写一段反映2~3个不同人物性格特点的语句,不少于200字。

七、板书设计

刘姥姥进大观园

曹雪芹

开端:凤姐、鸳鸯设局取笑

结局及高潮:刘姥姥上演笑剧   }笑

结局:刘姥姥笑后感慨,凤姐、鸳鸯赔礼

八、教学随笔

本节课的教学主要抓住人物的"笑"来进行,引导学生从各种不同的笑中揣摩人物的性格特征。引导学生从文章内容入手,抓关键字"撑""伏""滚""喷"等词,来反复推敲黛玉、宝玉、湘云、刘姥姥、王熙凤等人物的个性特征。由于学生对原著缺乏了解,对刘姥姥这一人物形象的理解还有一定的差距,同时他们的思想还不够成熟,难以理解文章的深刻内涵,但也要尊重学生的独特体验,让他们畅所欲言,从不同视角谈各自的看法。

第四节 《卖油翁》教学设计

教学目标:

知识与能力:

掌握生字、注音,积累文言词汇,理解词义。

过程与方法:

掌握运用神态描写和语言描写突出表现人物形象的写作手法,学会抓住细节把握人物形象。

能复述文章情节,训练学生的翻译及语言表达能力。

情感态度与价值观:

体会文章揭示的"熟能生巧"的道理,并从中得到启发,如:智者超然物外;人外有人天外有天;三人行,必有我师焉;择其善者而从之,其不善者而改之;做一个谦虚的人等。

教学重点:

掌握文言实词、虚词的解释,能够翻译全文。

掌握运用神态描写和语言描写突出表现人物形象的写作手法,学会抓住细节把握人物形象。

教学难点:

掌握运用神态描写和语言描写突出表现人物形象的写作手法。

体会文章揭示的深刻道理,并从中得到启发。

教法学法:

活动激趣法、小组协作法、谈话法、研讨探究法等。

教学过程:

一、导入新课

(提前板书:卖油翁)礼、乐、射、御、书、数是古人常说的六艺,说一个人善射(板书:善射),你会想到哪些成语——百发百中、百步穿杨、左右开弓、一箭双雕、箭无虚发。这就难怪陈尧咨(板书:陈尧咨)因为善射而自夸了。但站在一旁的卖油翁却不以为然,这是为什么呢?今天就让我们一起学习《卖油翁》这篇短文吧!

二、预习检查

(一)用抢答形式回答下列加点字的注音

自矜(　　) 家圃(　　) 睨之(　　) 发矢(　　)

颔之(　　) 忿然(　　) 酌油(　　) 沥(　　) 遣(　　)

(二)采用全班同学随机抽签的形式检测下列加点词语的预习掌握情况

善射(　　)(　　) 　　　　自矜(　　)

释担(　　) 　　　　　　　睨之(　　)

但(　　)微颔(　　)之 　　　无他(　　)

但(　　)手熟(　　)尔(　　) 　忿然(　　)

安敢(　　)轻(　　)吾射 　　徐(　　)以杓(　　)

三、初读课文,整体感知

(一)听读课文,观看朗读视频

(二)学生自读课文,注意读音和节奏

注意事项:

1.读时要字音准确,发音饱满。

2.处理好停顿,控制节奏。

(三)划分语句停顿

陈/康肃公/咨善射,当世无双,公/亦/以此/自矜(jīn)。尝/射于家圃,有/卖油翁释担而立,睨(nì)之,久而不去。见其发矢/十中八九,但微颔(hàn)之。

康肃问曰:"汝/亦知射乎？吾射/不亦精乎?"翁曰:"无他,但手熟尔。"康肃忿(fèn)然曰:"尔/安敢轻吾射!"翁曰:"以我酌油/知之。"乃取一葫芦/置于地,以钱覆其口,徐/以杓(sháo)酌油沥之,自钱孔入,而/钱不湿。因曰:"我亦无他,惟/手熟尔。"康肃/笑而遣之。

(四)指名学生朗读课文,检验字音、节奏

(五)学生分组分角色朗读课文。(板书:酌油)书读百遍其义自见

(六)分角色朗读课文(旁白、陈尧咨、卖油翁)

四、再读课文,疏通文义

(一)学法点津:文言文句子翻译

1.例句:试将下列句子翻译成现代汉语。

陈/康肃公/咨善射,当世无双,公/亦/以此/自矜。

参考译文:陈尧咨擅长射箭,当时世上没有人能和他相比,他也凭着这一点自夸。

2.方法指导:

(1)文言文翻译的两个原则:词不离句,句不离篇;直译为主,意译为辅。

(2)文言句子六字翻译法:留、换、补、删、调、变。

(3)举例说明:

保留:谢太傅寒雪日内集。

删减:久之,目似瞑,意暇甚。

调整:蒙辞以军中多务。

(二)小组合作

1.结合注释,翻译课文,圈画出不能解决的文言字词。

2.组内交流。

(三)展示质疑

1.指名学生翻译词语、句子。

2.学生质疑、释疑、翻译,不能完成的教师精讲点拨。

(四)理解中心

1.对于陈尧咨的善射,卖油翁什么态度?

2. 卖油翁对于自己酌油,又是怎么看待的?

3. 作者写这篇文章,通过卖油翁告诉我们一个什么道理?

明确:无他,但手熟尔。我亦无他,惟手熟尔。熟能生巧。(板书:巧)

4. 魔方展示。请擅长魔方表演的同学,为大家展示这个道理。

五、归纳整理

(一)文言句式(以思维导图的形式呈现)

1. 省略句:尝射于家圃

　　　　　自钱孔入

2. 倒装句:尝射于家圃

　　　　　蒙辞以军中多务

3. 固定句式:吾射不亦精乎(不亦说乎、不亦乐乎、不亦君子乎)

(二)文言现象(以课堂活动"开火车"的形式呈现)

1. 通假字

(1)但手熟尔:同"耳",相当于"罢了"。

(2)徐以杓酌油沥之:同"勺",勺子。

2. 一词多义

(1)之　徐以杓酌油沥之(代词,指葫芦)

　　　　笑而遣之(代词,指卖油翁)

(2)其　见其发矢十中八九(代词,代陈尧咨)

　　　　以钱覆其口(代词,代葫芦)

(3)以　以我酌油知之(介词,凭)

　　　　以钱覆其口(介词,用)

(4)射　尝射于家圃(动词,射箭)

　　　　吾射不亦精乎(名词,射箭的技艺)

(5)尔　但手熟尔(同"耳",罢了)

　　　　尔安敢轻吾射(代词,你)

(6)而　释担而立(连词,表顺承)

　　　　自钱孔入,而钱不湿(连词,表转折)

　　　　康肃笑而遣之(连词,表修饰)

3.词类活用

（1）尔安敢轻吾射（"轻"：形容词作动词,看轻。）

（2）陈康肃公尧咨善射（"善"：形容词作动词,擅长、善于。）

（3）但微颔之（"颔"：名词作动词,点头。）

（4）吾射不亦精乎？（"射"：动词作名词,射箭的本领。）

六、巩固提升,走近中考

（一）中考模拟题（A卷）多媒体展台展示

1.下列加点词语的意思解释无误的一项：（ C ）

A.陈康肃公善射 好　　　　　B.尔安敢轻吾 轻松

C.久而不去 离开　　　　　D.康肃笑而遣之 派遣

2.下列选项中加点词语意思不同的一项：（ B ）

A.以钱覆其口 蒙辞以军中多务　B.而钱不湿 结友而别

C.但手熟尔 见往事耳　　　　　D.但手熟尔 但闻黄河流水鸣溅溅

3.下列选项中翻译有误的一项：（ D ）

A.陈康肃公善射,当世无双,公亦以此自矜。

陈尧咨擅长射箭,在世上没有第二人能同他相比,他也凭这种（本领）自夸。

B.康肃问曰："汝亦知射乎？吾射不亦精乎？"

康肃公问（他）道："你也懂得射箭吗？我的箭法不是很精深吗？"

C.以钱覆其口,徐以杓酌油沥之,自钱孔入,而钱不湿。

（他）用（一枚）铜钱盖在葫芦口上,慢慢地用油勺舀油注入（葫芦）,（油）从钱孔注入,但钱币却未被打湿。

D.因曰："我亦无他,惟手熟尔。"

因此（卖油翁）说："我并没有他人的帮助,只不过是手法熟练罢了。"

（二）拓展延伸：中考模拟题（B卷）

吕蒙正不为物累

欧阳修《归田录》

吕文穆公蒙正以宽厚为宰相,太宗尤所眷遇。有一朝士,家藏古鉴,自言能照二百里,欲因公弟献以求知。其弟伺间从容言之,公笑曰:"吾面不过碟子大,安用照二百里?"其弟遂不复敢言。闻者叹服,以为贤于李卫公远矣。盖寡好而不为物累者,昔贤之所难也。

1.解释下列加点词语的意思。

以宽厚为宰相(　　　　　)　　　　安用照二百里(　　　　　)

2.翻译下划线句子。

_____

3.从吕蒙正拒收宝镜一事,可以看出他有怎样的品质?

_____

七、板书设计

卖油翁欧阳修

陈尧咨　　　　　　　　　　射箭

　　　　　　　巧

卖油翁　　　　　　　　　　酌油

八、教学反思

《卖油翁》是一篇短小精悍的小说,通过卖油翁和陈尧咨之间发生的小故事,用浅显易懂的文言文说明了"熟能生巧"的道理。这篇文章故事性很强,学生较易理解。这篇课文就学生掌握情况来看,基本上达到预期的学习目标,学生有所收获。成功之处就是抓住每个教学环节,充分激发学生的学习兴趣,调动学习的主动性,提高课堂教学的效率。

(一)学案导学,敢于质疑

课前我要求学生结合学案导学案做好预习:扫除文字障碍,通读课文;找出难以理解的词句,了解文章大致内容;查找作者生平简介等。在授课时,由于学案导学案的预习指导,学生积极提出问题,认真听取同学及老师的讲解,提高了课堂教学的效率。

(二)分角色朗读,有所收获

在教学中,我安排了形式多样的朗读:自由读、分组读、齐读、分角色朗读等。在熟读的基础上理解人物形象,学生在分角色朗读和翻译的时候热情比较高,能读出自己的感悟。

(三)创设情境,激发兴趣

《卖油翁》中的两个人物形象在一些学习辅助材料中有很全面的介绍,学生的拓展思维是不可预设的,如:当我问到"通过对课文的理解,你感觉故事蕴含了什么道理"时,"熟能生巧;三人行,必有我师焉;做一个谦虚的人;学无止境;人外有人,天外有天"等,学生回答很全面,思维很活跃,他们的理解能力超出了我的想象。这让我深刻地意识到:要真正提高学生的学习能力,教师应该给予学生自由发言的机会。这就更需要开放性的课堂,需要教师有驾驭课堂的理念与能力。充分激发学生的学习热情,他们定会为你带来一片精彩!

第五节 《水调歌头》欣赏课教学设计

教学目标:

知识与能力

反复诵读,体会诗词的音乐美、意境美,把握作者思想感情。

背诵全词,积累咏月名句。

过程与方法

采用多种形式反复诵读,引导学生鉴赏课文,培养良好的语感。

通过朗读,师生合作探究学习,感悟诗词的意境美。

情感态度与价值观:

理解作者借咏月表达的人生感悟,学习词人乐观旷达的精神,积极向上的人生态度。

教学重点:

在品读中背诵诗词,领悟作者思想感情。

教学难点:

联系作者身世处境,结合词中的描写、抒情去把握作者的思想感情。

课前准备:

学生搜集苏轼资料、咏月名句,学唱《水调歌头》。

课时安排:1 课时

教学过程：

一、导入新课

（一）唐诗、宋词、元曲是中国文坛的瑰宝

雄浑飘逸的唐诗、精致婉约的宋词、活泼生动的元曲，为后人敬仰。仅一轮明月就让多少文人墨客魂牵梦萦，至今，仍有很多佳句传唱不衰。在那些文人墨客眼中，月是"对影三人"，月是"清泉石上"，月是"千里婵娟"，月是"云破弄影"，月是"小楼吹笙"。今天就让我们一起走进苏轼的《水调歌头（明月几时有）》，一起去感受词人笔下月的情思。

（二）屏幕展示古今传唱的关于月的诗句，请同学诵读

1. 春风又绿江南岸，明月何时照我还？——王安石《泊船瓜洲》

2. 月落乌啼霜满天，江枫渔火对愁眠 ——张继《枫桥夜泊》

3. 弯弯月出挂城头，城头月出照凉州。——岑参《凉州馆中与诸判官夜集》

4. 梨花院落溶溶月，柳絮池塘淡淡风。——晏殊《寓意》

5. 今人不见古时月，今月曾经照古人。——李白《把酒问月》

6. 故乡的歌是一支清远的笛，总在有月亮的夜晚响起。——席慕蓉《乡愁》

（三）多媒体展示《水调歌头》，学生齐读

（四）师总结

苏轼在中秋节，对月怀人，一饮而醉。他因为与当权变法者王安石等人政见不同，被贬各地辗转为官。此时，皓月当空，银辉遍地，他与胞弟苏辙七年未得团聚，因而写下这首脍炙人口的词，今天，我们就来细细品味！

二、作家作品简介

（一）诗词简介

词是盛行于宋代的一种文学体裁，是宋代文学的最高成就。词又称曲子词、长短句、诗余。在古代，主要是配合宴乐乐曲而填写的，按字数的多少大致可以分为小令、中调和长调。词基本分为婉约派、豪放派两大类。婉约派代表：李煜、晏殊、柳永、李清照等；豪放派代表：苏轼、辛弃疾、岳飞等。

（二）苏轼简介

苏轼（1037—1101），字子瞻，号东坡居士，宋代文学家。苏轼才华卓著，工书画，诗、词、散文成就都很高。与父苏洵、弟苏辙合称"三苏"，"唐宋八大家"之一。有《苏东坡集》《东坡乐府》传世。

（三）作品简介

《水调歌头》写于熙宁九年（公元1076年），当时词人在密州任上。序言中，"中秋""兼怀子由"，透露了写作本词的时间和目的；"丙辰中秋"，当时苏轼任密州太守，政治上失意，弟弟苏辙被贬到离苏轼数百公里的山东济南，兄弟七年没有见面，望月思亲，心情抑郁惆怅，于是乘酒兴正酣，挥笔写下这首千古名篇。

三、作品赏析

（一）学生自由朗读，体会诗人感情

（二）教师朗读（配乐：古筝曲《一帘幽梦》），学生注意读音、节奏、情感

（三）对照注释，疏通文义

1.解读小序：词的小序往往用来交代写作背景和写作目的。在小序里作者交代了写作时间和写作目的，分别是什么？

时间：中秋。目的：兼怀子由。

2.词的上阕和下阕分别写的是什么？

上阕：写月下饮酒（写景），由幻想超脱尘世，转化为喜爱人间生活。

下阕：写对月怀人（抒情），由感伤离别转化为对离人的祝福。

（四）欣赏感悟，拓展思维

1."我欲乘风归去，又恐琼楼玉宇，高处不胜寒。"词句想象丰富，浪漫而有趣，对天上充满向往之情。作者为什么要乘风归去呢？

明确：苏轼想乘风飞向月宫，又恐怕琼楼玉宇太高，受不住那儿的寒冷，这便坚定了自己留在人间的决心。诗人这种脱离人世、超越自然的奇想，一方面来自他对宇宙奥秘的好奇，一方面更是对现实的不满。又以"高处不胜寒"隐喻自己受党争迫害的政治遭遇，虽有寂寞、惆怅之感，但苏轼胸怀大志，即使离开朝廷，在地方为官，也可以为国出力。

2."天上""人间"有何深意？表现了作者怎样的情怀？

明确："天上""人间"是作者的幻想和现实，"出世"与"入世"都吸引着他，显现出了他的矛盾心理。但词人又故意找到天上的美中不足，来坚定自己留在人间的决心。心中的苦闷、抑郁之情也随之消散，表露出作者对人间生活的热爱，也表现出积极乐观的旷达情怀。

3.下阕写"转朱阁，低绮户，照无眠"，作者因什么"无眠"？

明确：这"无眠"正是因怀念亲人而起。既有怀念弟弟的深情，又泛指那些中秋佳节因不能与亲人团圆以致难以入眠的一切离人，也表达对离人的同情。

4.作者是否一直陷于深深的痛苦中？

明确："人有悲欢离合，月有阴晴圆缺，此事古难全。"这三句从人到月，从古到今做了高度概括。人世间总有悲伤、欢乐、离别、相逢的变迁，月亮也有阴晴圆缺的变化，这些事自古以来就难以周全。这句话写出了人月无常，自古皆然的道理，人的悲欢离合与月的阴晴圆缺一样，都是自然的常理，词人受到月的启发，惆怅的心情得到慰藉，实质上强调了对人事的达观，也表现了词人乐观旷达的胸怀。

5.赏析"但愿人长久，千里共婵娟"。

明确："但愿人长久"，是要突破时间的局限；"千里共婵娟"，是要打通空间的阻隔。只希望两人虽远隔千里，也能共赏明月，互相慰藉，互相祝福，希望大家平安长久。推己及人，表现了词人博大的思想境界和乐观的情怀。

四、小结

《水调歌头》歌曲视频欣赏。

古词新:唱《水调歌头》引起了千万人的情感共鸣，课前已经布置学唱，现在请同学们跟着王菲一起哼唱，再次感受这首词的魅力吧！

五、作业

赏析苏轼的部分作品：

《江城子·密州出猎》《饮湖上初晴后雨》

《海棠》《题西林壁》《春宵》

《惠崇春江晚景》《赠刘景文》

《荔枝叹》《念奴娇·赤壁怀古》

《江城子·乙卯正月二十日夜记梦》

《定风波·莫听穿林打叶声》

六、板书设计

《水调歌头》 望月　　　徘徊矛盾

怀人　　　积极乐观

第六节 《生于忧患，死于安乐》教学设计

教材分析

《语文课程标准》强调在语文教学过程中，要让学生"感受中华文化的博大精深，树立民族自尊心和自豪感，获得创造的智慧"。孔孟思想影响了中国两千多年的历史。《生于忧患，死于安乐》是历代传诵的议论文名篇。全文逻辑严谨，层层推进、步步深入的论证，使结构非常清晰，语言很有辞采，富有说服力。文章所说明的道理在今天仍具有很强的意义，是传承和弘扬人类精神文明成果的好材料。

学情分析

学生已在第三单元学过议论文，并且在平时的课外阅读中做过议论文的相关练习，对议论文三要素有充分了解，能说出议论文的主要论证方法，但理清论证的思路，对于八年级的学生来说还是有一定的难度的。

教学目标

知识与技能：

找出本文的论点、论据、论证，辨识事实和道理论据。

过程与方法：

继先贤之绝学——理清全文的论证思路，品味文章的论证语言。

情感态度与价值观：

启学子之智慧——理解论点的现实意义，树立正确对待苦难和安乐的人生态度。

教学重难点

教学重点：

理清文章层层深入、环环相扣的论证思路，理解论点的现实意义。

教学难点：

理清文章层层深入、环环相扣的论证思路。

教学过程：

一、创设情境，导入新课

有一个故事，想必大家都比较熟悉吧？有一只青蛙第一次不小心掉在了一口正煮着水的锅里，恰好水已经开了，青蛙吓坏了，使劲一跳，逃离了险境；第二次，青蛙又犯了同样的错误，又掉进了那口锅中，同样的锅里也在煮着水，不同的是，这次水还没有煮开，青蛙觉得还挺舒服：这个热水澡好舒服哇！结果呢？——青蛙被煮熟了。青蛙在开水里能勇敢逃生，在温水里享受安乐最终死亡，这是什么原因呢？今天，我们就来共同学习《生于忧患，死于安乐》，从古人的经典当中寻找答案吧！（教师板书课题）

二、检查预习

给下列加点的字注音，采用"开火车"的方式随机检查学生的预习情况。

舜发于畎亩之中（　　　　）　　　　胶鬲举于鱼盐之中（　　　　）

行拂乱其所为（　　　　）　　　　所以动心忍性（　　　　）

曾益其所不能（　　　　）　　　　法家拂士（　　　　）

三、初读课文，整体感知

（一）请同学们自由朗读课文。注意字音、停顿和节奏

舜/发于/畎亩之中，傅说/举于/版筑之间，胶鬲/举于/鱼盐之中，管夷吾/举于/士，孙叔敖/举于/海，百里奚/举于/市。故/天将降大任/于是人也，必先/苦其/心志，劳其/筋骨，饿其/体肤，空乏/其身，行/拂乱/其所为，所以/动心/忍性，曾益/其所不能。

人恒过，然后能改；困于心，衡于虑，而后作；征于色，发于声，而后喻。入/则无法家拂士，出/则无敌国外患者，国恒亡。然后知/生于忧患而死于安乐也。

（二）请学生观看《生于忧患，死于安乐》朗读视频（注意朗读时的重音、节奏和停顿，在课文中做好标记）

（三）请1～2名朗读比较好的同学试读课文。要求读出感情、重音和节奏。请3～4名学生点评，教师给予以上同学综合评价

（四）全班同学齐读。

四、合作探究,串译课文

（一）学生以小组为单位,翻译课文内容

1.先是组内质疑,组内不能解决的在课上共同解决。

2.请同学串译课文。

3.采用全班抽签的形式回答下列问题。

（二）找出文中的通假字

1.曾益其所不能（曾同"增",增加。）

2.困于心,衡于虑,而后作（衡同"横",梗塞、不顺。）

3.入则无法家拂士（拂同"弼",辅佐、辅弼。）

（三）请同学小组合作探究,找出文中使用"使动用法"的字并解释

1.必先苦其心志（"苦"形容词活用为动词,使……痛苦。）

2.劳其筋骨（"劳"形容词活用为动词,使……劳累。）

3.饿其体肤（"饿"形容词活用为动词,使……饥饿。）

4.空乏其身（"空乏"形容词活用为动词,使……穷困缺乏）

5.所以动心忍性（"动"动词使动用法,使……惊动;"忍"动词使动用法,使……坚忍。）

五、思考探究,研读课文

（一）理清文章脉络

1.本文的中心论点是什么?

明确:本文的中心论点是"生于忧患,死于安乐"。

2.文章开头列举的六个人物的事例,他们的共同点是什么? 作者想要说明什么道理?

共同点:他们都出身贫贱,历经磨难,最终有所作为。

目的:为了论证人才必须在艰苦的环境中造就的道理,即论证了文章的中心论点。

3.作者认为一个国家走向衰败灭亡的原因是什么?（请用原文回答）

明确:入/则无法家拂士,出/则无敌国外患者。

4.作者是从哪两个方面论证的？请简述本文的论证思路。

明确:先以六个出身低微、经过种种磨炼而终于身负"大任"的显贵人物为例,说明人要有所作为、成就大业,就必须在生活、思想、行为等方面经受一番磨难,甚至痛苦的磨炼(人才是在艰苦环境中造就的)。接着由"个人"谈到"国家",最后推出论点"生于忧患,死于安乐"。

（二）理解文章主旨

1.你能不能列举一些古今中外与他们类似的事例呢？

提示:韩信、爱迪生、诺贝尔、贝多芬、居里夫人、张海迪、司马迁。

2.小结:文章第二段先从个人的事例说起,再谈治理国家,这两个事例形成对比。最后作者得出生于忧患,死于安乐的结论。这个段落运用了举例和对比的论证方法。

六、展读课文,飞扬思绪

孟子在两千多年前就警示人们要有忧患意识,在物质生活日益丰富的今天,我们要不要有忧患意识?如果需要,我们该忧患些什么?（分小组讨论）

七、布置作业

必做:

背诵并默写课文。

选做:

查阅相关资料,搜集《孟子》中至今仍经常使用的名言警句,明天课上交流。

以短文两篇中你感受最深的语句为话题,发表简短的演讲。

八、板书设计

生于忧患,死于安乐

第1段:舜、傅说、胶鬲、管夷吾、孙叔敖、百里奚

出身低微、历经磨难、成就大业　　　　生于忧患

（人才是在艰苦环境中造就的）　　　　死于安乐

第2段:"个人"——"国家"

九、教学反思

《生于忧患,死于安乐》是八年级上册《孟子二章》中的第二章,讲的是造就人

才和治理国家的问题。文章篇幅短小,逻辑性强,观点鲜明,运用多种论证方法且论证充分有力,一些语句至今脍炙人口,文章中的譬喻,让复杂的道理简洁明了。

从本课教学过程来看,本节课的收获有:

第一,本节课体现新课标中自主、合作与探究的学习方式,以学生朗读为主,教师适当引导点拨为辅。学生在自主合作学习中既学习了知识,又收获了快乐。学生通过合作探究、合作交流,使许多存在疑难的问题得以解决。这样的课堂,老师倍感轻松,学生也是充实又有乐趣的。

第二,学生在探究问题的过程中,充分发挥自己的自主性、积极性、创造性,同时增强了合作意识,最大限度地提高了学生的参与度,让他们每个人都能用好自己的45分钟。"质疑——探疑——释疑"贯穿教学始终。学生在课堂上善于发现问题,积极探讨问题,真正感受到求知的乐趣。

第三,课堂上在充分体现"以人为本"教学理念的同时,文言文"以读为本"的教学宗旨也得以彰显。朗读贯穿教学过程,且形式多样,有范读、默读、齐读,有研读、有赏读……在读中欣赏文言的音韵美,在读中研习文中存在的疑难问题,在读中收获知识,在读中明白道理。

存在不足的是:

第一,列举名人事例时,能条理清楚表达的学生相对少一些,教师的引导语言过多,个别能力强的学生没有充分发挥。

第二,在朗读过程中,学生的朗读方面还存在一些问题,平时要加强朗读训练,例如句读、重音、节奏等。

第三,对学生的发言给予鼓励、肯定等适当的评价不够恰切及时。

第七节 《陋室铭》教学设计

教学目标

知识目标:

疏通文义并背诵课文,掌握重点字句的意思,了解"铭"的特点。

能力目标:

掌握托物言志的写法。

情感目标：

理解作者高洁傲岸的节操和安贫乐道的情趣。

课时安排：1课时

教学重难点：

教学重点

疏通文义,掌握重点字句的意思。

背诵及掌握托物言志的写法。

教学难点

掌握托物言志的写法,理解作者高洁傲岸的节操和安贫乐道的情趣。

教学方法

诵读法、启发式教学法、小组合作探究法等。

教学过程

一、导入新课

师:同学们,在生活或者学习中,有没有一些名言警句始终教育或者激励你呢？谁想和大家分享一下呢？

生:畅所欲言。

师:老师也有一句始终奉行的话语——勤能补拙,不轻言放弃！每当在生活中、工作上遇到困难时,它始终激励着我前行。它是我的"座右铭"。那么什么是"座右铭"？一般来说,铭刻在碑上,放在书案右边用以自警的铭文称之为"座右铭"。"铭"是一种刻在器物上用来警诫自己、称述功德的文字。后来成为一种文体,这种文体一般都是用韵的,如刘禹锡的《陋室铭》。今天我们就一起走进《陋室铭》。

二、初读课文

(一)请同学自读课文。注意文章中的生字,找出韵脚。

(二)学生抢答。(请读下列加点字的读音。)

德馨(   ) 苔痕(   ) 鸿儒(   )(   ) 案牍(   )

西蜀(   )

(三)欣赏课文录音。注意文章的韵脚和节奏。

(四)请2～3名同学试读课文。

(五)全班同学齐读课文。

三、译读课文

(一)合作学习(学生分组研读课文,对照注释,理解文义)。

(二)先以小组为单位相互解答疑难问题,教师巡视。

(三)在班上讨论并分析小组解决不了的问题,教师适当点拨。

教师提前预测学生会出现的问题:

1."无丝竹之乱耳"一句中"乱"和"无案牍之劳形"一句中"劳"的使动用法。

2."何陋之有?"一句中宾语前置的用法。

(四)检测学生对照注释,理解文义的情况,用抽签软件随机抽取学生回答问题。

1.解释下列加点字的意思。

有仙则名:出名,有名。

德馨:能散布很远的香气,这里指德行美好。

白丁:平民,指没有功名的人。

无丝竹之乱耳:使动用法,使……扰乱。

何陋之有:宾语前置的用法,意思是,有什么简陋呢?

四、赏读课文

(一)研读文章,文章题目是《陋室铭》,作者的"陋室"简陋吗?

生:不简陋。

(二)作者为什么觉得"陋室"不"简陋"呢?文中有没有表现作者观点的相关语句?

生:斯是陋室,惟吾德馨。

(三)这八个字中哪两个字最为关键?

生:"德馨",作者的品德高尚。

(四)作者是一开篇就写自己"德馨"吗?他是怎样引出"德馨"的呢?

生：用"山不在高,有仙则名。水不在深,有龙则灵"引出。

（五）这两个句子的作用是什么?

生：作者由"山""水"引出"陋室";由"仙""龙"引出"德馨"。以有仙之山、有龙之水比喻"陋室",以引起对"陋室"的吟诵。

（六）作者为何要吟诵"陋室"呢?咱们一起了解一下写作此文的时代背景（出示多媒体）。

刘禹锡（772～842）,字梦得,唐代文学家,作品有《刘宾客集》《刘梦得文集》。因革新,得罪了当朝权贵,被贬为和州通判。按当时规定,他应住衙门里三间三厢的屋子,可是和州的策知县是个趋炎附势的小人,三次变迁刘禹锡的房子,并将他的房子缩小到一间半……刘禹锡写《陋室铭》本身就是在与恶势力进行不屈的抗争,为官而不计较居室的大小、陋与不陋,恰是他为政清廉的高尚品德的真实写照。同时,唐王朝正一天天衰落下去,当时文人官吏们只有两个出路:一是与腐朽势力同流合污,整日寻欢作乐;二是退一步,穷则独善其身,保持自己的浩然正气和独立人格。刘禹锡选择了后者,他虽感忧虑,但也无力回天,只能采用消极的办法,独善其身,避而不与那些庸俗的官僚来往。由此可见,《陋室铭》并非是自命清高、孤芳自赏之作,而是愤世嫉俗之作,也是刘禹锡安贫乐道、洁身自好品德的具体体现。

（七）作者具体从哪些方面来表现"德馨",找文中的句子,并用一个词来概括各自的特点。（出示多媒体）

1. 居室环境的句子:无丝竹之乱耳,无案牍之劳形。
体现居住环境的"幽雅"。

2. 交往人物的句子:谈笑有鸿儒,往来无白丁。
体现交往人物的"儒雅"。

3. 生活情趣的句子:可以调素琴,阅金经。
体现生活情趣的"高雅"。

（八）作者在对陋室之景、陋室之人、陋室之事进行了详细描绘之后,为什么还要提到诸葛亮、扬雄和孔子这三位历史名人呢?让我们一起来看看这三位历史名人的资料吧!

(出示多媒体)

诸葛亮:三国时蜀汉丞相,著名政治家和军事家。刘备曾"三顾茅庐"请他出山。他是"智"的化身。

扬雄:西汉时辞赋家、语言学家。扬雄少时贫穷,住的茅草屋不避风雨。据说,他在这茅草屋中写成《太玄经》,故又称"草玄堂"。故《陋室铭》中"子云亭"指的是茅草屋"草玄堂"。

孔子:春秋时期伟大的思想家和教育家,被后世尊为"圣人"。孔子想要搬到九夷去居住,有人说:"那里太简陋,怎么能住呢?"孔子说:"君子居之,何陋之有?"

(九)请同学思考作者列举诸葛庐、子云亭、九夷的用意是什么?

明确:作者意在用古代的贤士来自比,说明自己也具有他们一样的高洁志趣和傲岸品德。

(十)本文借"陋室"抒发了作者怎样的思想感情?

明确:本文通过对"陋室"的描写,分析了"陋室不陋"的原因,表达了作者安贫乐道的生活情趣和高洁傲岸的节操。

(十一)课文预习提示中有"托物言志"的写法。在文中,作者是怎样"托物言志"的?

明确:

1.通过描写客观事物寄托或传达作者的某种感情、抱负和志趣。

2.借"陋室"寄托自己安贫乐道的生活情趣和高洁傲岸的节操。(多媒体展示)

教师总结:再将自己的"陋室"与"诸葛庐""子云亭"等相比,其目的就是把自己和诸葛亮、扬雄等相提并论,从而来揭示中心——表现安贫乐道的生活情趣和高洁傲岸的节操。

五、小小演说家

结合现实,2021 年 8 月,我国河南等地发生暴雨灾害,假设刘禹锡在这个时代会如何做,请同学们结合作者生平来谈一谈。

六、背诵展示

给学生5分钟时间背诵梳理,当堂请2~3名同学背诵课文。

七、布置作业

必做:

继续背诵课文。

掌握重点实词的意思。

选做:

仿写训练,请同学以《陋室铭》为例仿写《考试铭》《朋友铭》等。

例: 学生铭

天赋不高,有志则行。成绩不佳,发奋则灵。斯是求学,唯苦唯勤。读书破万卷,求知要悟性。谈笑添学问,思辨可聪灵。可以明事理,冶性情。无世俗之乱耳,有墨香养心性。学海巧为舟,书山行捷径。吾辈云:"何乐不为?"

八、板书设计

陋室铭

刘禹锡

环境(幽)雅

交往(儒)雅

陋室不陋

情趣(高)雅

托物言志

九、教学反思

结合本课的教学过程我有以下几点反思:

第一,教学目标设定符合新课标要求及学生的实际,整个课堂紧紧围绕教学目标进行,落实重点,突破难点。

第二,教学时以诵读贯穿教学始终,引导学生感受"铭"这种文体的韵律美,适时对学生进行朗读指导,不仅让学生读通顺,还要读出节奏、读出情感、读出韵律。

第三,注重学生小组合作探究能力的培养。在教学过程中,设置小组合作探究的环节,学生们通过质疑——释疑——解疑的方式,不论是课前对课本的预习,还是课中对重点知识的揣摩、对疑难问题的质询,都各有分工,这样激发了学生主动参与学习的兴趣。在设置问题时,问题与问题之间环环相扣,随着自主交流、探讨的过程,学生真正地理解全文的意思。

第四,在课堂中,注重启发式教学方法的运用,激发学生的合作探究意识,每个学生都能积极参与到课堂教学中来,教学时比较注重渗透学法的指导,注重培养学生的"听、说、读、写"能力,让学生真正学会学习。

存在的不足:

第一,课堂上各个环节时间的把控要细化到每一分,甚至每一秒,尽量给学生更多的表现机会。

第二,在"使动用法"和"宾语前置"文言知识的讲解时,学生还处于懵懂状态,所以平时应加强学生文言文基础知识的训练。在"小小演说家"环节能够流利表达的学生为数不多,在平时也应加强学生语言表达能力的训练培养。

第八节 《论语十二章(前六章)》教学设计

教学目标:

知识目标:

了解《论语》的有关知识。

能准确流畅地朗读并熟练背诵课文。

准确把握"说""愠""罔""殆"等重点实词的含义。

能力目标:

解读各则语录,培养学生阅读理解文言文的能力。

情感态度与价值观目标:

引导学生联系自身的学习经历,理解《论语》蕴含的精华思想。

深入理解孔子将治学和修身结合的思想境界,感受孔子的人格魅力、开阔胸襟。

教学重点:

能准确流畅地朗读并熟练背诵课文。

准确把握"说""愠""罔""殆"等重点实词的含义。

教学难点：

联系自身的学习经历,体会课文丰富精彩的思想内涵。

理解孔子将治学和修身结合的思想境界。

教学过程：

一、导入新课

播放《三字经》朗读视频,"三字经"是我国古代启蒙教育传统的结晶,凝聚了我国数千年的文明史和传统伦理文化,由此引出新课内容。

二、作家作品简介

《论语》是儒家的经典著作,是记录孔子及其弟子言行的一部书,共 20 篇。东汉将其列为"七经"之一,宋代把它与《大学》《中庸》《孟子》合称为"四经"。《论语》是我国古代文献中的一部巨著,是中华民族优秀的文化遗产,对我国几千年的封建政治、思想、文化产生了巨大影响。即使在今天,其精华部分依然为人们所效法。

孔子名丘,字仲尼。鲁国诹邑人,春秋末期思想家、政治家、教育家。其思想核心是"仁","仁"即"爱人"。他把"仁"作为行为的规范和目的,主张统治者对人民"道之以德,齐之以礼",从而再现"礼乐征伐自天子出"的西周盛世,进而实现他一心向往的"大同"理想。

三、预习检查

预习检查,我们一起"开火车"。

学而时习之,不亦说乎?(　　　　)

有朋自远方来,不亦乐乎?(　　　　)

思而不学则殆。(　　　　)

人不知而不愠,不亦君子乎?(　　　　)

吾十有五而志于学。(　　　　)

七十而从心所欲,不逾矩。(　　　　)

学而不思则罔。(　　　　)

四、整体感知

第一,学生自读课文。(要求:请同学们自由诵读课文,标出有疑问的字句,同桌间可以小声讨论。)

第二，观看《论语十二章》视频。(要求:请同学们认真观看视频,注意个别字的读音,句子的停顿、节奏、重音,在书上做好标注。)

第三,请同学试读课文。(要求:读出感情,注意节奏、重音。)

第四,全班同学齐读课文。(要求:快慢适中,声音响亮,节奏恰当。)

五、合作探究

(一)对照注释,理解文义。以小组为单位翻译前六则内容。(要求:组内质疑,组内不能解决的班内共同解决。)

(二)让我考考你,全班同学随机抽签,解释下列加点的词语,检测学生的掌握情况。

1. 人不知而不愠　　　　　愠:生气,恼怒。

2. 日三省吾身　　　　　　省:自我检查,反省。

3. 七十而从心所欲,不逾矩　矩:法度。

4. 学而不思则罔　　　　　罔:迷惑,意思是感到迷茫而无所适从。

5. 思而不学则殆　　　　　殆:疑惑。

6. 吾十有五而志于学　　　有:同"又",用于整数和零数之间。

(三)思考讨论:你觉得今天我们学的这六则论语,哪一则对你启发最大? 为什么?

(要求:全员参与,积极思考,各抒己见。)

例:

1. 第三则,孔子自述了学习和修养的过程。这一过程,是一个随着年龄的增长,思想境界逐步提高的过程。整个过程分为三个阶段:十五岁到四十岁是学习领会的阶段;五六十岁是安心立命的阶段,也就是不受环境左右的阶段;七十岁是主观意识和做人的规则融合为一的阶段,道德修养达到了最高的境界。孔子提高道德修养的过程,有合理因素:首先,他认为人的道德修养不是一蹴而就的,要历经长时间的学习和锻炼,是循序渐进的过程;第二,道德的最高境界是思想和言行的统一融合,自觉地遵守道德规范。这些,适用于所有人。

2.第四则,是讲学习方法的。只有在"温故"的过程中努力思考,才能收获"新知",进一步强调了独立思考的必要性。学习时要让知识融会贯通,在"温故"中有所发现,才能"为师"。这一学习方法不仅在封建时代有价值,在今天也同样实用。不论古人还是今人,"新知"常常是在"旧知"的基础上获得的。因此"温故而知新"对我国教育学有重大的贡献。

……

六、当堂训练

(一)用原文中的句子填写下列内容

1.表明复习好处的句子是:温故而知新,可以为师矣。

2.表明学习与思考应紧密结合的句子是:学而不思则罔,思而不学则殆。

3.个人总有被误解的时候,正确的态度应是:人不知而不愠。

(二)拓展提升

1.一词多义

(1)为　为人谋而不忠乎　为了

　　　　可以为师矣　　　做

(2)而　人不知而不愠　　表转折,可、但

　　　　温故而知新　　　表承接

(3)知　不知而不愠　　　了解

　　　　温故而知新　　　懂得

2.词语活用归类

(1)学而时习之　　时:名词用作状语,按时。

(2)温故而知新　　故、新:形容词用作名词,分别译为:学过的知识,新的理解与体会。

(3)吾日三省吾身　日:名词用作状语,每天。

(4)传不习乎　　　传:动词用作名词,老师传授的知识。

3.成语归类

要求:认真阅读1~6则,写出出自文中的成语,至少两个。

明确:随心所欲、温故知新、三十而立、不惑之年、三省吾身等。

4.用现代汉语翻译下列句子

(1)人不知而不愠,不亦君子乎?

译文:人家不了解我,我也不生气(恼怒),不也是有才德的人吗?

(2)温故而知新。

译文:温习学过的知识,可以得到新的理解和体会。

(3)吾十有五而志于学,三十而立,四十而不惑。

译文:我十五岁立志学习,三十岁能有所成就,四十岁能不被外界事物所迷惑。

七、数我背得快

要求:请同学们自由背诵3~5分钟,请2~4名同学当堂试背前六则任意两则或三则。

八、布置作业

必做:

背诵并默写前六则内容。

选做:

请用自己的语言写出"三人行,必有我师焉"的原因。

《论语》十二章里好多内容都与学习有关,请你选择感悟最深的一则,写出在学习方面所获得的启示。

九、教学反思

《论语》十二章是儒家经典篇目,课后我的反思如下:

在这节课中,我设计的环节有导入新课、作家作品简介、预习检查、整体感知、合作探究、当堂训练、数我背得快和布置作业等。以诵读贯穿教学始终,符合七年级学生的认知规律。但初一学生刚学古文要培养其学习兴趣,应适当降低教学目标与要求。本节课的教学内容安排过多,导致时间比较紧张。在上课过程中,因对学生能力估计过高,翻译环节没有预想的顺利,完成过程比较粗糙,在今后的教学中应对学生加强文言知识的训练指导,如:词性活用的字,"时""日""传"等,"而"字的转折、承接、并列、递进和修饰关系的用法等。

第九节 《敬业与乐业》教学设计

教学目标

知识与技能目标

了解作者及写作背景。

在语境中理解、积累和掌握内涵丰富的词语,如"征引、旁骛、敬业乐群、断章取义、不二法门"等。

让学生理清这篇演讲词的结构,体会其层次分明、条理清晰的特点。

过程与方法目标

体会口语和书面语的差异。

引导学生掌握举例论证与道理论证的方法。

明白"敬业与乐业"的重要性,领悟"敬业与乐业"的精神实质。

情感态度与价值观目标

培养学生养成敬业与乐业的精神。

教学重难点

教学重点:

了解作者及写作背景。

在语境中理解、积累和掌握内涵丰富的词语,如"征引、旁骛、敬业乐群、断章取义、不二法门"等。

让学生理清这篇演讲词的结构,体会其层次分明、条理清晰的特点。

教学难点:

引导学生掌握举例论证与道理论证的方法。

明白"敬业与乐业"的重要性,领悟"敬业与乐业"的精神实质。

培养学生养成敬业与乐业的精神。

教学方法

情境教学法、诵读法、讨论法。

教学过程

一、导入新课

多媒体播放关于梁启超的一组短片故事:"有人在平地,看我上云梯;堂前悬镜,大人明察秋毫;饮茶龙上水,写字狗耙田;我欲问苍天,苍天长默默。"短片播放完毕,说:"我们刚刚看到的影片的主人公既是中国近代维新派领袖之一,还发表过《变法通议》,参加过百日维新,并自号'饮冰室主人',他到底是谁呢?"

二、整体感知

(一)作者简介

梁启超(1873—1929),字卓如,号任公,又号饮冰室主人。广东新会人。中国近代维新派代表人物、学者、思想家、文学家。与康有为一起领导了著名的"戊戌变法",世称二人为"康梁"。曾倡导文体改良的"诗界革命"和"小说界革命",开辟了近代文学理论探索和文学创作的新局面。其著作合编为《饮冰室合集》。

(二)写作背景

本文选自《饮冰室合集》第五册(中华书局 1989 年版)。本文是作者 1922 年8 月 14 日在上海中华职业学校的演讲。

(三)诵读课文,疏解字词

1. 读准字音

承蜩(　　　)　　　佝偻(　　　)(　　　)　　　亵渎(　　　)(　　　)

骈进(　　　)　　　层累(　　　)　　　心无旁骛(　　　)

讨伐(　　　)　　　赦免(　　　)　　　解剖(　　　)

教诲(　　　)　　　罪孽(　　　)　　　拣择(　　　)

羡慕(　　　)　　　果实累累(　　　)　　　强聒不舍(　　　)

忠心耿耿(　　　)　　　百丈禅师(　　　)　　　断章取义(　　　)

2. 理解词语

敬业乐群:专心于学业,与朋友和睦相处。

安居乐业:安定地生活,愉快地工作。

断章取义:不顾全篇文章的内容,而只根据需要,孤立地截取其中一段或一句的意思。

不二法门:常用来指最好的或独一无二的方法。法门,指修行者入道的门径。

理至易明:道理极容易明白。

征引:引用。

旁骛:在正业以外有所追求。骛,追求。

亵渎:轻慢,不尊敬。

骈进:并排前进。

强聒不舍:唠唠叨叨说个没完。聒,声音嘈杂,使人厌烦。

3.梳理结构

学生分小组讨论以下问题:

(1)请找出本文的中心论点。

明确:我确信"敬业乐业"四个字,是人类生活的不二法门。

(2)作者围绕中心论点,先后谈了哪几个问题?

明确:有业、敬业、乐业。

(3)你认为这几个问题的关系是怎样的?

明确:有业是前提;敬业是基础;乐业才是最高境界。

三、合作探究

(一)品味亮点词语

1.阅读课文,说说作者是怎样论述"有业"的必要性的。

明确:作者引用孔子的话和百丈禅师的故事(举例论证),得出"百行业为先,万恶懒为首"的结论,强调"有业"是做人之本。

2.用原文回答,什么叫敬业? 为什么要敬业? 怎样才能做到敬业?

明确:(1)敬业:"主一无适便是敬。"即凡做一件事,便忠于一件事,将全部精力集中到这事上头,一点不旁骛。(2)凡职业没有不是神圣的,所以凡职业没有不是可敬的。(3)唯一的秘诀就是忠实,忠实从心理上发出来的便是敬。

3.文章是怎样论述"乐业"的?

明确:(1)(身入其中)在工作中寻找快乐。(2)(奋斗前去)在奋斗中感受快乐。(3)(比较骈进)在竞争中体味快乐。(4)(省却烦恼)在投入中享受快乐。

(二)感悟精彩句子

1.如何理解"因自己的才能、境地,做一种劳作做到圆满,便是天地间第一等人"这句话?

明确:表明了作者"不论从事什么职业,都应全身心投入"的观点。做到这样的人,"便是天地间第一等人"。

2."我信得过我当木匠的做成一张好桌子,和你们当政治家的建设成一个共和国家同一价值;我信得过我当挑粪的把马桶收拾得干净,和你们当军人的打胜一支压境的敌军同一价值。"这句话表明了作者怎样的观点?

明确:作者认为凡是职业都是神圣的、可敬的。每个人根据自己的才能、境地,把一种劳作做到圆满,都是社会所需要的、不可缺少的、"大家同是替社会做事",劳动价值相同,"并没有高下"。说明"凡职业没有不是可敬的"。

3.请分析文中"今日大热天气,我在这里……难道又不苦?"这段话的好处。

明确:活用口语,拉近了与听众的距离,更好地与听众进行心灵的沟通。"难道"领起的反问句增强了辩驳的气势,道出了"乐业"的重要性。

4."我深信人类合理的生活总该如此,我盼望诸君和我一同受用!"这句话中的"人类合理的生活"应怎样理解?

明确:

(1)应该有一份正当的职业,不能"饱食终日,无所用心";

(2)对于所做的事情应该心生敬意,要全神贯注,心无旁骛,积极投入地去做好它;

(3)学会从专心做事中发现乐趣,不能只是一味地叫苦,要达到"乐以忘忧"的境界。

四、拓展延伸

(一)资料积累:如关于佛门与儒门的专业术语积累,关于"敬业""乐业"的名言警句。

(二)交流表达:请为"有业之必要"列举几个例子,或者为"凡职业都是有趣味的"列举几个例子。

五、布置作业

必做:

掌握本课重点词语的字音、字形及大意。

教师引导学生课后完成本课时对应练习,并预习下一课时内容。

选做：

查阅相关资料，了解梁启超的另一篇议论文《最苦和最乐》，理清文章的层次结构。

文中说："事的性质，从学理上解剖起来，并没有高下。"又说："我信得过我当木匠的做成一张好桌子，和你们当政治家的建设成一个共和国家同一价值。"而拿破仑有句名言说："不想当元帅的士兵不是好士兵。"对这两种人生观，你如何看待，倾向于哪一种？请从事例和道理两方面为你的看法搜求充足的证据。

六、板书设计

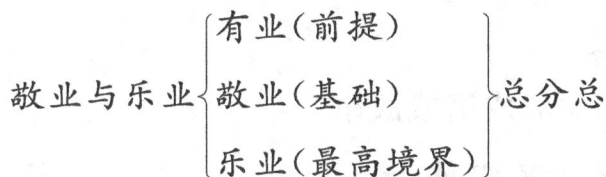

七、教学反思

《敬业与乐业》是九年级上册第二单元的第一篇，这篇文章是议论文。本文是本单元的开篇之作，也是演讲的特点和技巧体现得很明显的一篇文章。

在教学中，如果只是生搬硬套地讲这些知识，学生会学得索然无味。所以我决定把议论文的基本知识，渗透在课文学习中，文章的2～5段论证层次清楚，采用总分总的结构，运用了事实论据和道理论据，常见的四种论证方法都有涉及，演讲的特点突出。因此教学重点放在这一部分。

通过这部分的细致学习，既能让学生体会作者怎样巧妙地使用论证方法为自己阐述的论点服务，又能通过有感情地朗读体会演讲的特色。以此为基础，学习其他段落。这样的设计既锻炼了学生的能力，还激发了学生的兴趣。

在教学中，对学生渗透要以"敬业与乐业"的态度对待学习和生活。同时，适时地引导学生思考，如何对待自己目前的"业"——学习，让学生清楚地认识到学习的重要性。上课认真，及时完成作业，争取优异成绩，这样就是"敬业"。

教学上存在的不足：教学活动中，对学生学习的能力及议论文知识的掌握情况预估不足。学生之前的议论文基础知识掌握很差且记忆不牢固，导致学习的状态不佳。在今后的教学中，我应充分了解学生，推陈出新，及时发现问题、解决问题。

第二章 学案导学案设计实例

第一节 《狼》学案导学案

学习目标：

积累文言词汇,理解文章的内容。

理清屠户的心理变化过程。

懂得对待像狼一样的恶势力要敢于斗争、善于斗争,才能取得胜利的道理。

课堂学习：

一、学前积累

要求:积累与狼相关的成语或故事。

二、记忆作者,感知作品

《狼》作者＿＿＿＿＿＿,字＿＿＿＿＿＿,号＿＿＿＿＿＿,＿＿＿＿＿＿朝人,是我国著名的小说家。

《聊斋志异》是一部文言短篇＿＿＿＿＿＿集,它的内容丰富多彩,故事大多采自民间传说和野史轶闻。作者通过谈狐说鬼,讽刺了当时社会的黑暗、官场的腐败和科举制度的腐朽。

三、预习检查,了解情况

我是小小火车头,请同学用"开火车"的方式回答以下词语的读音。

缀行甚远（　　　　） 屠大窘（　　　　） 苫蔽成丘（　　　　）

弛担持刀（　　　　） 眈眈相向（　　　　） 少时（　　　　）

目似瞑（　　　　） 意将隧入（　　　　） 止露尻尾（　　　　）

狼亦黠矣（　　　　） 顷刻两毙（　　　　）

四、个性阅读,读通文本

（一）自由读 3 遍课文　要求:注意读准字音,注意文言停顿、语气语调。

（二）请同学朗读课文　要求:读准字音,注意节奏,读出感情。

（三）请大家观看朗读视频　要求:注意感知故事发生的环境,想象屠户的心理变化。

（四）请大家齐读课文　要求:注意体会狼的本性及屠户的性格。

五、结合注解,疏通文义

(一)小组合作:结合课下注释,自主疏通文义。(疑难问题小组内质疑,组内解决不了的,班级内质疑、释疑。)

(二)检测学生重点字词的掌握情况。(以全班随机抽取 5 名同学回答下列问题的形式,检测重点字词的掌握情况。)

屠惧,投以骨:_____。　　一狼仍从:_____。

而两狼之并驱如故:_____。意将隧入以攻其后也:_____。

屠大窘:_____。　　顾野有麦场:_____。

目似瞑:_____。　　屠暴起:_____。

又数刀毙之:_____。　　屠自后断其股:_____。

乃悟前狼假寐:_____。　　狼亦黠矣:_____。

一狼得骨止:_____。　　止增笑耳:通"_____",_____。

(三)一词多义练习,请同学们快速完成连线题。

1."之"字的一词多义。

数刀毙之。　　　　　　　　助词,的。

禽兽之变诈几何哉。　　　　用在主谓之间,不译。

久之,目似瞑,意暇甚。　　代词,它,指狼。

而两狼之并驱如故。　　　　助词,调整音节,不译。

2."以"字的一词多义。

投以骨。　　　　　　　　　连词,用来。

以刀劈狼首。　　　　　　　介词,用。

将隧入以攻其后也。　　　　介词,把。

3."其"字的一词多义。

恐前后受其敌。　　　　　　指柴草堆。

场主积薪其中。　　　　　　指打麦场。

屠乃奔倚其下。　　　　　　指狼。

其一犬坐于前。　　　　　　指屠户。

意将隧入以攻其后也。　　　其中。

六、发散思维,理解文章

(一)请大家在空中填写一个动词,概括每段的意思。

屠户:如:第1段 __遇__ 狼,第2段 _____ 狼,第3段 _____ 狼,第4段
_____ 狼。

(二)这篇文章作者精彩描写了屠户与狼险象环生的斗争过程,但屠户在这生死攸关的时刻最终战胜了狼,展现了人类的聪明才智。请同学们动脑筋,展开合理想象,屠户在与狼博斗的过程中,他的心理有怎样的变化过程?

场景预设:暮色袭来,夜越来越黑了,郊外的小路上寂静阴森,远处的冷风不时发出凄厉的嘶吼,屠户卖完肉独自回家。突然,他发现有两只饥肠辘辘的狼在紧紧地跟着……

_____

_____

_____

_____

_____

_____

提示词语:危机四伏、心存侥幸、镇定自若、妥协退让、果敢自信、心存幻想、打定主意、面不改色、惊喜交集……

七、合作探究,掌握主题

(一)"止增笑耳"的仅仅是这两只狼吗?作者嘲讽的仅仅是恶狼吗?

明确:_____

(二)如果你也遇到类似的危险情况,从屠户战胜狼的故事中,你获得了怎样的启示呢?

明确:_____

_____

八、课后作业,巩固落实

必做:背诵并默写这篇古文。

选做:找出《狼三则》另两则阅读并能初步理解。

九、学后反思

第二节　《孤独之旅》学案导学案

学习目标:

1. 理解并积累"嬉闹、掺杂、胆怯、给予、撩逗、歇斯底里"等重点词语。

2. 理清小说故事情节,学习人物的心理变化描写。

3. 分析小说中环境描写对表现人物性格等方面的作用。

4. 树立奋勇前进的信念,培养战胜困难的勇气,从中获得新的人生启示。

学习过程:

一、创设情境,导入新课(略)

二、预习检测

(一)抢答下列加点的字词注音

嬉闹(　　)　　　　凹地(　　)　　　　稠密(　　)

雍(　　)　　　　　掺杂(　　)　　　　胆怯(　　)

给予(　　)　　　　觅食(　　)　　　　撩逗(　　)

戳破(　　)　　　　旧茬(　　)

(二)作者简介

作者_____,当代作家。1954年生于江苏盐城。1977年毕业于北京大学中文系,后留校任教。2016年获得国际安徒生奖。著有《山羊不吃天堂草》《草房子》《红瓦》《根鸟》《青铜葵花》等作品。本文节选自长篇小说《_____》。

三、朗读课文,整体感知

(一)学生放出声音自读课文,理清小说故事情节。

1. 这篇小说中涉及的主要人物是谁?

2.复述课文内容,注意:在复述时要运用小说的三要素——人物、情节、环境。

_____

_____

3.自由朗读课文,理清小说故事情节。

开端——_____

发展——_____

高潮——_____

结局——_____

四、研读课文

(一)理清心路历程:结合导学案,圈点勾画出文中描写杜小康心理活动的相关语句,理清他不断成长成熟的心路历程,完成下列表格。

不同阶段	不同心理感受
离开油麻地,出发时	
到达目的地——芦苇荡	
在芦苇荡安静下来	
在芦苇荡时间一久	
经历暴风雨后	

(二)理解环境描写的作用:请同学以小组为单位,采用勾画批注的方法,找出文中描写环境的语句或段落,讨论这些景物描写有何作用?(提示:芦苇荡、暴风雨、鸭群)

芦苇荡:

例:"这才是真正的芦荡。是杜小康从未见过的芦荡。到达这里时,已是傍晚。当杜小康一眼望去,看到芦苇如绿色的浪潮直涌到天边时,他害怕了——这是他出门以来第一回真正感到害怕。芦荡如万重大山围住了小船。杜小康有一种永远逃不走的感觉。"

作用：_____

_____

_____

暴风雨：

例："一大早，天就阴沉下来。天黑，河水也黑，芦苇荡成了一片黑海。杜小康甚至觉得风也是黑的。临近中午时，雷声已如万辆战车从天边滚过来，不一会儿，暴风雨就歇斯底里地开始了，顿时，天昏地暗，仿佛世界已到了末日。四下里，一片呼呼的风声和千万枝芦苇被风折断的咔嚓声。"

作用：_____

_____

_____

鸭群：

例1："鸭群在船前形成一个倒置的扇面形，奋力向前推进，同时，造成了一个扇面形水流。每只鸭子本身，又有着自己用身体分开的小扇面形水流。它们在大扇面形水流之中，织成了似乎很有规律性的花纹。无论是小扇面形水流，还是大扇面形水流，都很急促有力。船首是一片均匀的、永恒的水声。"

作用：_____

_____

_____

例2："鸭们十分乖巧。也正是在夜幕下的大水上，它们才忽然觉得自己已成了无家的漂游者了。它们将主人的船团团围住，唯恐自己与这条唯一能使它们感到还有依托的小船分开。它们把嘴插在翅膀里，一副睡觉绝不让主人操心的样子。有时，它们会将头从翅膀里拔出，看一眼船上的主人。知道一老一小都还在船上，才又将头重新放回翅膀里。"

作用：_____

_____

_____

例3："鸭们也长大了，长成了真正的鸭。它们的羽毛开始变得鲜亮，并且变得稠密，一滴水也不能泼进了。公鸭们变得更加漂亮，深浅不一样的蓝羽、紫羽，在阳光下犹如软缎一样闪闪发光。"

作用：＿＿＿＿＿＿＿＿＿＿＿＿＿＿＿＿＿＿＿

＿＿＿＿＿＿＿＿＿＿＿＿＿＿＿＿＿＿＿＿＿＿＿

＿＿＿＿＿＿＿＿＿＿＿＿＿＿＿＿＿＿＿＿＿＿＿

（三）学生归纳总结小说环境描写的作用,总结如下：

＿＿＿＿＿＿＿＿＿＿＿＿＿＿＿＿＿＿＿＿＿＿＿

＿＿＿＿＿＿＿＿＿＿＿＿＿＿＿＿＿＿＿＿＿＿＿

＿＿＿＿＿＿＿＿＿＿＿＿＿＿＿＿＿＿＿＿＿＿＿

＿＿＿＿＿＿＿＿＿＿＿＿＿＿＿＿＿＿＿＿＿＿＿

四、探究发现

（一）恶劣的环境能塑造人坚强的性格,我们通过学习这篇文章,感受到了杜小康成长的历程,他长大了、坚强了。你觉得杜小康是一个怎样的孩子,用一两句话把你心目中的杜小康描述一下吧!

＿＿＿＿＿＿＿＿＿＿＿＿＿＿＿＿＿＿＿＿＿＿＿

＿＿＿＿＿＿＿＿＿＿＿＿＿＿＿＿＿＿＿＿＿＿＿

＿＿＿＿＿＿＿＿＿＿＿＿＿＿＿＿＿＿＿＿＿＿＿

（二）同学的回答都有自己独特的感受。你们的年龄段正与杜小康相仿,学了他的经历,对你有没有什么启示?

＿＿＿＿＿＿＿＿＿＿＿＿＿＿＿＿＿＿＿＿＿＿＿

＿＿＿＿＿＿＿＿＿＿＿＿＿＿＿＿＿＿＿＿＿＿＿

＿＿＿＿＿＿＿＿＿＿＿＿＿＿＿＿＿＿＿＿＿＿＿

五、直面"孤独"

我们与杜小康走完了这段孤独之旅。学习这篇文章之后,请结合自己的学习或生活经历谈谈,你有怎样的收获和感悟?

＿＿＿＿＿＿＿＿＿＿＿＿＿＿＿＿＿＿＿＿＿＿＿

＿＿＿＿＿＿＿＿＿＿＿＿＿＿＿＿＿＿＿＿＿＿＿

＿＿＿＿＿＿＿＿＿＿＿＿＿＿＿＿＿＿＿＿＿＿＿

六、布置作业

必做：

反复诵读课文,摘抄文中的精彩段落,加以鉴赏,积累语言。

选做：

1.课后阅读曹文轩的《草房子》,进一步理解小说主题。

2."生活的磨砺,暴风雨的洗礼,让杜小康长成小小的男子汉。在我们的成长过程中,会遇到欢乐,也会遇到痛苦;会遇到成功,也会遇到失败。请把你的经历写一写,字数在 300 字以上。

_____

_____

_____

_____

七、学后反思

_____

_____

_____

_____

第三节 《刘姥姥进大观园》学案导学案

学习目标：

掌握"蓼溆、麈、砒霜"等字词的读音,以及"篾片、调停、促狭鬼"等词语的意思。

了解《红楼梦》和曹雪芹相关知识。

把握文章主旨。

学习借鉴本文刻画刘姥姥这一人物形象的方法。

学习过程：

一、预习导学：

（一）作者简介

本文作者 _____（约 1715—约 1763）,名 _____,字 _____,号

_____,又号_____、_____,中国古典名著《红楼梦》的作者,祖籍沈阳（一说辽阳）。

注:请同学们结合课下注解查阅相关的资料,了解作者情况。

（二）作品简介

《红楼梦》是我国古代小说的巅峰之作。小说以_____的爱情悲剧为线索,描写了以____家为代表的四大家族的兴衰史,在充分揭露地主阶级、贵族集团腐朽本质及其必然没落的历史命运的同时,也歌颂了这个阶级中富有叛逆精神的青年。有"_____"之称。

注:请同学们结合课下注解查阅相关的资料,了解《红楼梦》的情况。

（三）文体常识

本文是_____小说。章回体,中国古代长篇小说的一种叙述体式。其特点是将全书分为若干章节,称为"回"或"节",如《红楼梦》就是以"_____"为单位的章回体小说。

（四）读准加点字的读音。注:课上抢答的方式检查预习情况。

一径（　　） 潇湘馆（　　）（　　） 蓼溆（　　）（　　）

捏丝戗金（　　） 漱盂（　　） 麈尾（　　）

四楞（　　） 铁锹（　　） 发怔（　　）

篾片（　　） 银箸（　　） 楠木（　　）

调停（　　） 促狭鬼儿（　　） 筵席（　　）

嬷嬷（　　）（　　）

（五）解释下列词语。注:课上随机抽签的方式检查预习情况。

一径:_____ 　　调停:_____

蓼溆:_____ 　　捏丝戗金:_____

相干:_____ 　　发怔:_____

不伏手:_____ 　　促狭鬼儿:_____

二、初读课文,整体感知

（一）朗读训练

同学自由朗读课文,分组讨论,用一句话概括课文讲了一件什么事?

注:请同学们朗读课文,讨论总结课文内容。

(二)理清故事梗概

1.给文章划分结构,并概括大意。

注:请同学们仔细阅读课文,给课文划分结构,并概括大意。

第一部分(1~3):

第二部分(4~10):

第三部分(11):

2.刘姥姥进大观园后表演的"笑"剧是谁导演的?她们为什么要导演这场"笑"剧?

三、再读课文,深入品味

(一)讨论

自由读第二部分,这一部分细致地描写了各具情态的笑,给人留下了难忘的印象。请说说主要人物的笑有什么不同,反映了他们怎样的性格特点。(请大家连线)

注:同学们分组讨论、归纳、总结并板演各组的讨论情况。

(1)"李纨笑劝道:'你们一点好事儿不做!又不是个小孩儿,还这么淘气。仔细老太太说!'"此举表现了李纨怎样的性格特点?

(1)反映人物仁慈、富有同情心的性格特点。

(2)"黛玉笑岔了气,伏着桌子'嗳哟!'"林黛玉的笑表现了她怎样的性格特点?

(2)人物笑但又极力控制,反映出人物含蓄、有教养而又谨慎的性格特点。

（3）"探春的茶碗都合在迎者身上。"这里只言片语写了迎春,这是一种怎样的写作手法,表现了迎春怎样的特点?

（4）"独有凤姐鸳鸯二人掌着,还只管让刘姥姥。"一句可以看出凤姐、鸳鸯有着怎样的特点?

（5）"宝玉滚到贾母怀里,贾母笑的搂着叫'心肝'。"这句描写宝玉的"笑"表现了宝玉怎样的格特点?

（6）贾母笑的眼泪出来。

（3）此处点到人物,却未描绘其情态,作者运用了"不写之写"的手法,"不写"人物的笑,反映人物独特的性格——懦弱、麻木,感情不外露。

（4）人物笑而不露,反映出人物善于计谋,爱耍小手段、取笑、捉弄人的性格特点。

（5）显示人物厚道朴实的性格特点。

（6）反映出人物的天真、孩子气的性格特点。

（二）研讨中心

1.请同学们找出描写刘姥姥吃蛋的语句,说说加点词语的表达效果。

"刘姥姥便伸筷子要夹,那里夹的起来?满碗里闹了一阵,好容易撮起一个来,才伸着脖子要吃,偏又滑下来,滚在地下。"

注:同学们小组讨论,自主归纳、总结。

_____

_____

2.读一读第三部分,思考:刘姥姥明知道鸳鸯等人要"拿她取个笑",为什么还要积极配合呢?

_____

_____

3.这场"笑"剧的背后包含了作者什么样的思想感情?

_____

_____

四、当堂练习

（一）下面是《红楼梦》中的人物描写，请说说分别写的是谁？

注：请同学们仔细阅读文本，根据人物特征判断。

1．一双丹凤三角眼，两弯柳叶吊梢眉，身量苗条，体格风骚，粉面含春威不露，丹唇未启笑先闻。　　　　　　　　　　　　　　　（　　　）

2．两弯似蹙非蹙罥烟眉，一双似喜非喜含情目。态生两靥之愁，娇袭一身之病。　　　　　　　　　　　　　　　　　　　　　（　　　）

3．唇不点而红，眉不画而翠，面若银盆，眼如水杏。　　（　　　）

4．霁月难逢彩云易散，心比天高身为下贱。　　　　　（　　　）

（二）同学们，金陵十二钗都有谁？

五、拓展延伸

（一）阅读下列选段，回答问题。

《刘姥姥三进荣国府》

只见平儿同刘姥姥带了一个小女孩儿进来，说："我们姑奶奶在那里？"平儿引到炕边，刘姥姥便说："请姑奶奶安。"凤姐睁眼一看，不觉一阵伤心，说："姥姥你好？怎么这时候才来？你瞧你外孙女儿也长的这么大了。"刘姥姥看着凤姐骨瘦如柴，神情恍惚，心里也就悲惨起来，说："我的奶奶，怎么这几个月不见，就病到这个分儿。我糊涂的要死，怎么不早来请姑奶奶的安！"便叫青儿给姑奶奶请安。青儿只是笑，凤姐看了倒也十分喜欢，便叫小红招呼着。刘姥姥道："我们屯乡里的人不会病的，若一病了就要求神许愿，从不知道吃药的。我想姑奶奶的病不要撞着什么了罢？"平儿听着那话不在理，便在背地里扯他。刘姥姥会意，便不言语。那里知道这句话倒合了凤姐的意，扎挣着说："姥姥你是有年纪的人，说的不错。你见过的赵姨娘也死了，你知道么？"刘姥姥诧异道："阿弥陀佛！好端端一个人怎么就死了？我记得他也有一个小哥儿，这便怎么样呢？"平儿道："这怕什么，他还有老爷太太呢。"刘姥姥道："姑娘，你那里知道，不好死了是亲生的，隔了肚皮子是不中用的。"这句话又招起凤姐的愁肠,呜呜咽咽的哭起来了。众人都来劝解。

巧姐儿听见他母亲悲哭,便走到炕前用手拉着凤姐的手,也哭起来。凤姐一面哭着道:"你见过了姥姥了没有?"巧姐儿道:"没有。"凤姐道:"你的名字还是他起的呢,就和干娘一样,你给他请个安。"巧姐儿便走到跟前,刘姥姥忙着拉着道:"阿弥陀佛,不要折杀我了!巧姑娘,我一年多不来,你还认得我么?"巧姐儿道:"怎么不认得。那年在园里见的时候我还小,前年你来,我还合你要隔年的蝈蝈儿,你也没有给我,必是忘了。"刘姥姥道:"好姑娘,我是老糊涂了。若说蝈蝈儿,我们屯里多得很,只是不到我们那里去,若去了,要一车也容易。"凤姐道:"不然你带了他去罢。"刘姥姥笑道:"姑娘这样千金贵体,绫罗裹大了的,吃的是好东西,到了我们那里,我拿什么哄他顽,拿什么给他吃呢?这倒不是坑杀我了么。"说着,自己还笑,他说:"那么着,我给姑娘做个媒罢。我们那里虽说是屯乡里,也有大财主人家,几千顷地,几百牲口,银子钱亦不少,只是不像这里有金的,有玉的。姑奶奶是瞧不起这种人家,我们庄家人瞧着这样大财主,也算是天上的人了。"凤姐道:"你说去,我愿意就给。"刘姥姥道:"这是顽话儿罢咧。放着姑奶奶这样,大官大府的人家只怕还不肯给,那里肯给庄家人。就是姑奶奶肯了,上头太太们也不给。"巧姐因他这话不好听,便走了去和青儿说话。两个女孩儿倒说得上,渐渐的就熟起来了。

(出自《红楼梦》第113回,题目为编者所加)

【注释】选文中的情节发生在贾府败落之后,贾老太太已过世,凤姐也不久于人世。

1.用自己的话概括文段的主要内容。

_____

_____

2.你认为现在凤姐对刘姥姥的态度怎样?从文中找出一两个句子来证明你的观点。

_____

3.第一次进大观园时,凤姐和鸳鸯导演着刘姥姥出尽洋相,而现在却和她平和地说话,为什么会出现这种情感态度上的变化呢?

_____

_____

4.结合第一次进贾府的情况,你认为刘姥姥是怎样的一个人?

_____

_____

六、布置作业

必做:

继续研读课文,进一步体会本文刻画的各色人物"笑"的妙处。

选做:

学习了本文刻画各色人物的"笑",请你也运用恰当的描写方法刻画一个人物的言行举止。

七、学后反思

_____

_____

第四节 《生于忧患,死于安乐》学案导学案

学习目标:

掌握重点词语的意思。

找出本文的论点、论据,理清全文的论证思路,品味文章的论证语言。

树立正确对待苦难和安乐的人生态度。

学习过程:

一、导入新课(略)

二、检查预习

给下列加点的字注音,识记注音和字形。

舜发于畎亩之中（　　　　）　　　　胶鬲举于鱼盐之中（　　　　）

行拂乱其所为（　　　　）　　　　所以动心忍性（　　　　）

曾益其所不能(　　　　)　　　　　　　法家拂士(　　　　)

二、初读课文,整体感知

（一）朗读训练

1.请同学们分组自读课文。注意字音、停顿、节奏。（每位同学至少读两遍课文。）

舜/发于/畎亩之中,傅说/举于/版筑之间,胶鬲/举于/鱼盐之中,管夷吾/举于/士,孙叔敖/举于/海,百里奚/举于/市。故/天将降大任/于是人也,必先/苦其/心志,劳其/筋骨,饿其/体肤,空乏/其身,行/拂乱/其所为,所以/动心/忍性,曾益/其所不能。

人恒过,然后能改;困于心,衡于虑,而后作;征于色,发于声,而后喻。入/则无法家拂士,出/则无敌国外患者,国恒亡。然后知/生于忧患而死于安乐也。

2.观看《生于忧患,死于安乐》朗读视频。（注意重音、节奏和停顿）

（二）实战演练

1.请同学试读课文。（读出感情、重音、节奏）

2.全班同学齐读。

三、合作探究,串译课文

（一）翻译训练

全体同学以小组为单位,翻译课文内容。先是组内质疑,组内不能解决的拿到班内共同解决。

（二）实战演习

抽签回答问题。（检查同学们上课的掌握情况）

(1)请找出文中的通假字。

①_____

②_____

③_____

(2)词类活用,请同学找出文中使动用法的字并解释。

①_____

②_____

③_____

④_____

⑤_____

四、思考探究,研读课文

（一）讨论

1.本文的中心论点是什么？作者是从哪两个方面论证的？请简述本文的论证思路。

_____

_____

2.文章开头列举的六个人物的事例,他们的共同点是什么？作者想要说明什么道理？

共同点：_____

目的：_____

3.你能不能列举一些古今中外与他们类似的事例呢？

提示：韩信、爱迪生、诺贝尔、贝多芬、居里夫人、张海迪、司马迁。

_____

_____

4.担当大任的人必须从哪些方面经受艰苦磨炼呢？磨炼的目的是什么？（请用原文回答）

_____

_____

5.作者认为一个国家走向衰败灭亡的原因是什么？（请用原文回答）

_____

（二）小结

文章第二段先从_____的事例说起,再谈治理_____,这两个事例形成_____。最后作者得出_____的结论。这个段落运用了_____的论证方法。

五、展读课文,飞扬思绪

孟子在两千多年前就警示人们要有忧患意识,在物质生活日益丰富的今天,

我们要不要有忧患意识？如果需要,我们该忧患些什么？(分小组讨论)

六、布置作业

必做:

背诵并默写课文。

选做:

查阅相关资料,搜集《孟子》中至今仍经常使用的名言警句,明天课上交流。或者以短文两篇中你感受最深的语句为话题,发表简短的演讲。

七、学后反思

第五节 《论语十二章(前六章)》学案导学案

学习目标:

了解《论语》和孔子的有关知识。

能准确流畅地朗读并熟练背诵课文。

准确把握"说""愠""罔""殆"等重点实词的含义。

深入理解孔子将治学和修身结合的思想境界,感受孔子的人格魅力和开阔胸襟。

学习过程:

一、导入新课

《三字经》:人之初,性本善。性相近,习相远。苟不教,性乃迁。教之道,贵以专。昔孟母,择邻处。子不学,断机杼。窦燕山,有义方。教五子,名俱扬。养不教,父之过。教不严,师之惰。子不学,非所宜。幼不学,老何为。玉不琢,不成器。人不学,不知义。为人子,方少时。亲师友,习礼仪。香九龄,能温席。孝于亲,所当执。融四岁,能让梨……

我国古代有很多教育经典,至今仍有教育意义。今天,我们一起领略一篇教育经典——《论语》,感受儒家思想的魅力。

二、文学常识简介

《论语》是_____的经典著作,是记录孔子及其弟子言行的一部书,共_____篇。东汉将其列为"七经"之一,宋代把它与《大学》《中庸》《孟子》合称为"_____"。《论语》是我国古代文献中的一部巨著,是中华民族优秀的文化遗产,对我国几千年的封建政治、思想、文化产生了巨大影响。即使在今天,其精华部分依然为人们所效法。

孔子名_____,字_____。鲁国陬邑人,春秋末期_____家、_____家、_____家。其思想核心是"_____","仁"即"爱人"。他把"仁"作为行为的规范和目的,主张统治者对人民"道之以德,齐之以礼",从而再现"礼乐征伐自天子出"的西周盛世,进而实现他一心向往的"大同"理想。

三、预习内容

读准下列字音

1.学而时习之,不亦说乎? （　　　）

2.吾日三省吾身。 （　　　）

3.有朋自远方来,不亦乐乎? （　　　）

4.为人谋而不忠乎? （　　　）

5.传不习乎? （　　　）

6.人不知而不愠,不亦君子乎? （　　　）

7.吾十有五而志于学。 （　　　）

8.七十而从心所欲,不逾矩。 （　　　）

9.学而不思则罔。 （　　　）

10.一箪食,一瓢饮。 （　　　）

11.思而不学则殆。 （　　　）

四、整体感知

(一)朗读训练

学生自读课文。(要求:请同学们大声自由诵读三遍课文,标出有疑问的字句,课下讨论。)

读音有疑问的字句:_____

(二)疏通文义

1.对照注释,理解文义。以小组为单位翻译前六则内容。要求:组内质疑,组内不能解决的班内共同解决。

翻译时有疑问的字句:_____

_____

2.让我考考你,全班同学随机抽签解释下列加点的词语,检测学生的掌握情况。

(1)人不知而不愠_____

(2)吾日三省吾身_____

(3)七十而从心所欲,不逾矩_____

(4)可以为师矣_____

(5)思而不学则殆_____

(6)吾十有五而志于学_____

(三)合作探究

思考讨论:你觉得今天我们学的这六则论语,哪一则对你启发最大?为什么?要求:全员参与,积极思考,各抒己见。

_____

_____

_____

五、当堂训练

(一)用文中的句子填空

1.表明复习好处的句子是_____

2.表明学习与思考应紧密结合的句子是_____

3.个人总有被误解的时候,正确的态度应是_____

(二)拓展提升

1.一词多义

(1)为　为人谋而不忠乎(　　　　)

　　　　可以为师矣(　　　　)

(2)而　人不知而不愠(　　　　)

　　　　温故而知新(　　　　)

(3)知　人不知而不愠(　　　　)

　　　　温故而知新(　　　　)

2.词语活用归类

(1)学而时习之　　　时:_____

(2)温故而知新　　　故、新:_____

(3)吾日三省吾身　　日:_____

(4)传不习乎　　　　传:_____

3.成语归类

要求:认真阅读1~6则,写出出自文中的成语,至少两个。

明确:_____

4.用现代汉语翻译下列句子

(1)人不知而不愠,不亦君子乎?

译文:_____

(2)温故而知新。

译文:_____

(3)吾十有五而志于学,三十而立,四十而不惑。

译文:_____

六、数我背得快

七、布置作业

必做:

背诵并默写前六则内容。

选做：

请用自己的语言写出"三人行,必有我师焉"的原因。

《论语》十二章里好多内容都与学习有关,请你选择感悟最深的一则,写出在学习方面所获得的启示。

八、学后反思

_____

_____

_____

_____

_____

第六节 《考场作文如何制造亮点》学案导学案

学习目标：

了解考场作文的要求。

掌握作文写作时制造亮点的几种方法。

培养学生欣赏评价作文的能力。

学习过程：

一、请同学参看天津市中考作文评分标准,如下：

	A 内容	B 语言	C 篇章	D 评分细则
一类卷 (43～50分)	切合题意 思想健康 中心突出 内容充实 感情真切	语言顺畅 没有语病	结构完整 条理清楚	①具备 ABC 三项条件的,评一类文(43～45分)。 ②立意深、构思巧、语言生动形象的,评满分;具有其中两项条件的,评一类上(48～49分);具有其中一项条件的,评一类中(46～47分)。

	A 内容	B 语言	C 篇章	D 评分细则
二类卷 （35～42 分）	切合题意 思想健康 中心明确 内容具体 感情真实	语言通顺 偶有语病	结构完整 条理较清楚	以 38 分为基准分，适当浮动：①具备 B 项和另一项条件，其余一项达到三类卷标准的，获得基准分。②具备 ABC 三项条件的，酌情加分。③具备 B 项条件，而另外两项只达到三类卷标准的，酌情减分。
三类卷 （27～34 分）	基本合题意 中心尚明确 内容尚具体 感情尚真实	语言尚通顺 语病不多	条理尚清楚 能分段	以 30 分为基准分，适当浮动：①基本具备 ABC 三项条件的，获得基准分。②其中 B 项比较好的，酌情加分。③另有某些缺点的，酌情减分。
	A 内容	B 语言	C 篇章	D 评分细则
四类卷 （18～26 分）	偏离题意 中心欠明确 内容不具体	语言不通顺 语病较多	条理不清楚	以 22 分为基准分，适当浮动：①凡属 ABC 三项之一者，评为四类卷，获得基准分。②另两项较好的，酌情加分。③兼有 ABC 两项以上情况的，酌情减分。

	A 内容	B 语言	C 篇章	D 评分细则
五类卷 （0～17 分）	文不对题 不知所云	语病严重 文理不通	结构混乱 不能完篇	以 13 分为基准分，适当浮动： ①凡属 ABC 三项之一者，评 为五类卷，获得基准分。 ②另两项尚好的，酌情加分。 ③兼有 ABC 两项以上情况 的，酌情减分。

二、考场作文如何扮靓

第一关键点：字迹书写工整

书写工整、卷面整洁的作文使人赏心悦目，印象分立即增加；而字迹潦草、涂改得难以辨认的答卷，印象分就会大打折扣，无形中就会被多扣几分。

第二关键点：字数充足

中考"作文评分标准"中明确说明：文章不足 600 字，每少 50 个字酌情扣 1～2 分。由此可见，字数不够是硬伤。

第三关键点：添加环境描写。

其一，先请同学们赏读下列文章：

镌刻在时光中的约定（786 字）

时光总是在潮起潮落、云卷云舒中悄然流逝。回首过去，我与爷爷的约定镌刻在时光里。

——题记

孩童时，每逢中秋，我都随爸爸回乡下爷爷家小住。每个白天和黑夜，我都享受着与爷爷相聚时那份独有的温馨与快乐。

飒爽的风儿吹过，爷爷家门口婆娑的桂树随风摇曳，桂花好似金色的蝴蝶，飘呀，飘呀。爷爷笑嘻嘻地将我举过头顶，爱抚地对我说："宝贝，桂花开了，爷爷明天给你做桂花饼吧！"我欢呼雀跃。我们一起陶醉在桂花的香气里。

爷爷做桂花饼手艺是最好的。那看似繁琐的做桂花饼的流程，我并没有太多的记忆，但那味蕾的享受却记忆犹新。坐在爷爷的膝头，我大口大口地吃着桂花饼，他粗糙的大手总是抚摸我的头顶，轻声絮叨着：桂花什么时候采摘，怎样清洗，如何炮制……偶尔，我也会抓起小石子用力扔向水塘，看到水面泛起阵阵涟漪又消失。爷爷微笑地看着我,满眼都是温柔与宠溺。"宝贝,等你长大了,爷爷教你做桂花饼……""好呀,爷爷,我们一言为定!"

秋日里,桂花香气正浓。快乐的时光总是很短暂,返程时我依依不舍。这时爷爷总是耐心地安慰我:"宝贝,先回去上学,下次桂花飘香时,爷爷还给你做桂花饼……""好吧! 爷爷,等我再大些,您一定教我做桂花饼,我们一言为定!"我和爷爷在桂花树下拉勾约定。

四季更替,桂花开了又开。秋风古道,却碎了满地的记忆……

苍老的桂树,花如雨下,夹杂着几声乌鸦的哀啼。那年,爷爷病世了。桂花饼的香味依旧氤氲在我的记忆中,却永远定格在那个金色的秋日里。爷爷与我镌刻在时光中的约定,还未及完成,但在冥冥中,我相信:那个脸色褪去红润,略显泛黄,眼角尽是皱纹,头顶是数不尽白发的爷爷,一定在某个地方陪伴着我。

秋风乍起,吹得树叶簌簌作响。我抹去眼泪,心里念着今年中秋一定回老家看看"他",看看爷爷家门前那一棵棵苍劲的桂树,是不是依旧开着金色的花。因为那是我和爷爷镌刻在时光中的约定。

桂花香气远播,桂花饼的味道,都是满满的爱意……

其二,请同学找出这篇文章的亮点:

_____

_____

_____

第四关键点:注意点题

其一,点题,就是在恰当的地方用简明扼要的语句点名题意,揭示文章的主旨,暗示全文的脉络层次。

其二,点题常见的方法有:1.首尾点题。2.独立成段点题。3.小标题点题等。

其三,例文欣赏:

就这样慢慢长大

太阳给了小草温暖,于是小草便慢慢地充满绿意;亲人给了我温暖,于是我快乐地长大。

——题记

5岁,关爱藏在奶奶的毛衣里。"来,试试奶奶给你新织的毛衣!"于是我便飞也似的跑了过去。"哇,好漂亮的毛衣,我真喜欢,谢谢奶奶!"穿上新毛衣,好暖和,好暖和。我看见奶奶的眼中笑出了一朵花,灿烂地对我开放。我每天都穿着这件毛衣,每天都能感到幸福的味道,感受到被宠的滋味。于是我发现,我在奶奶的毛衣中慢慢地长大。

8岁,关爱藏在爷爷的招手里。每到放学,跟着队伍走到校门口时,我就开始急切地寻找爷爷,他在哪儿?突然我看见有人在招手,在那儿,那是爷爷!我连蹦带跳地跑了过去,爷爷一脸慈祥地对我笑着。以后每天放学,爷爷总在人群里向我招手,使我能很快找到他,在那挥舞的手臂里,我感受到温暖,感受到爱意。于是我发现,我在爷爷的招手中慢慢地长大。

14岁,关爱藏在爸爸的鸡汤里。"来,尝尝这鸡汤怎么样,好不好喝?"说着,一股浓浓的香味钻进了我的鼻子里。"嗯,真好喝!"止不住的赞美流露出来。"是吗?那以后常烧给你喝!"爸爸开心地笑着,又一头钻进厨房里忙碌着。我分明从那鸡汤中喝出了温馨,喝出了关怀。于是我发现,我在爸爸的鸡汤中慢慢地长大。

而今天,关爱藏在妈妈的叮嘱里。"要细心,不要紧张""要认真看清每一道题,先易后难"……一句句朴实的话语,却放出了太多华丽的色彩。妈妈送我到校门口,不再多说,但我分明感觉到身后有道热切的目光。我知道,我知道那是妈妈的目光,是充满关切的目光,在这目光里,我感受到期待,感受到力量。于是我发现,我在妈妈的叮嘱中慢慢地长大。

因为有了太阳的光和热,小草才显得生机盎然;因为有了亲人的关心和爱护,我的心中才有着永不停息的动力。亲人们给了我温暖,给了我力量,给了我希望,在我前进的征途中,默默地为我加油,给我鼓励。

我快乐,我自豪,我就这样在亲人的关爱中慢慢地长大。

请同学找出这篇文章的亮点:

_____

_____

_____

其四,修改练习:要求把画线句改为点明文章题目(扣题)的语句。

留在记忆里的芬芳

十四年光阴荏苒,十四载岁月如歌,无论是春暖花开、绿树成荫,还是落叶金秋、银装素裹,那些美好的情景,恰如清新淡雅的花朵,**留下一抹芬芳,在记忆里远播,留香……**

那是春风和煦、风光旖旎的暮春时节。

牙牙学语的我,总是沉醉于坐在自行车横梁上的感觉,于是,爸爸在车前横梁上打造了一把椅子,精致小巧,正合我的年龄。那天,我迫不及待地爬上小椅子,爸爸打响一阵炫铃,轻盈地踩着脚踏板,瞬间风儿抚过我的脸庞,轻轻吹过耳边,带着花儿的甜蜜,带着泥土的芬芳。太阳的光线也有一种淡淡的清凉,鸟儿在树上欢唱,我欢乐地手舞足蹈,咯咯的笑声一路流淌。不经意间,我回转身,只见爸爸也眉眼含笑,连那四方的紫色脸膛上也隐隐约约泛着红光。**那温馨欢乐的画面在记忆里定帧,留下醉人的芬芳。**

那是骤雪初霁、大地冰封的寒冬时节。

爸爸依旧载着我,但我已由前梁转到后座。此时的坐垫被爸爸打造得温暖而又舒适。刺骨的寒风凌厉地刮着枝头的残雪,一股股寒气肆意地钻进我的脖颈,我哆嗦了一下,靠在他那宽厚的脊背上,冷飕飕的风从耳边溜过,这时爸爸温热的大手会握住我冷冰的小手,我只觉一股温暖向全身荡漾。他的耳朵被冻得通红,嘴里不停地吐出白气,伴随着车轮与雪亲密接触的吱呀声,_____,_____。

那是橙黄橘绿、层林尽染的金秋时节。

岁月匆匆,十年光阴,转瞬即逝。闲暇时,爸爸偶尔也会载着我,后座还能勉强坐下我,但时不时传来"吱吱扭扭"的抗议声,我竟无暇顾及这些,丰沛鲜盈的阳光暖暖的,但耳边却缺少了阵阵清风。这时,我发现爸爸的脊背不再宽厚挺拔,头上也冒出了缕缕银丝,昔日的欢歌也未能留住爸爸俊朗的容颜……我急忙跳下车,"老爸,让我载你一程吧!"我似桀骜不驯的骏马,带着爸爸自由驰骋,_____,_____。

生活中有多少值得我们珍藏的美丽与诗意,每每回首过往,爸爸就像我的避风港,总是为我遮风挡雨。那一次次美的体验,那一次次心灵的浸润,化作清新淡雅的花朵,＿＿＿＿＿＿＿＿＿＿＿＿＿＿＿＿＿＿＿＿＿＿＿＿＿

请模仿第 1 段和第 3 段扣题的相关语句,为第 5、7、8 段加上恰当的扣题的语句。要求:点题恰当,符合语境,做到前后呼应。

第五关键点:注意文章结构美

例文赏读:

落满阳光的记忆

奔走的年华匆匆,经年的疏烟淡雨,随风而去,伫立于时光的彼岸,望着缤纷的烟火,回眸那些遗忘在岁月中淡然的影像,重拾起那份落满阳光的记忆。

小时候·金桂飘香·阳光下的吟诵

金黄的桂花,缀在翠玉般的枝叶上,唯一声张的就是它的香。午后醒来,爷爷总是会抱着我沐浴在和煦的阳光中,拿着封面古朴、泛黄的《论语》,慈爱地对我说:"宝贝,跟爷爷一起读书喽!"他布满沟壑的大手,握着我稚嫩的小手在字里行间缓慢地划过,反复吟诵着我总是记不下的语句。桂子香与墨香氤氲。那翻过的每一页、吟过的每一章,留下落满阳光的记忆。

长大些·银装素裹·阳光下的提问

冬雪过后,是粉妆玉砌的童话世界。耀眼的阳光与雪姑娘邂逅,空中满溢浪漫的气息。整个下午,阳光融融,我都会窝在躺椅上,沉醉于快速知晓故事情节的快感中,并不太在意书中表达的深刻内涵。爷爷见我看完一本后,便饶有兴致地问我:"宝贝,书中要表现的主题是什么?"我哑口无言。他神情凝重地看着我,微微浑浊的瞳孔透露着沉稳、坚定,缓缓说:"读书不能只读皮毛,要深入挖掘主旨,发现问题,这样才会有深刻的体悟呀!"那严肃的眼神、恳切的提问,留下落满阳光的记忆。

后来啊·春意盎然·阳光下的期许

春天是五彩斑斓的,戴着花冠,披着绿裳,丝绸样的阳光倾泻,温暖和煦。爷爷握着我的手,慢慢摩挲着,语重心长地说:"宝贝,你思想渐趋成熟,看书亦如人生,切忌虚浮。唯有扎实勤恳,路才走得坚实。"我似有顿悟:是呀!人生宛若一纸墨色,几经沉淀、书写才得韵味。我们的青春年华又何须逞一时之能?为何不稳健根基,抱着谦逊好学的态度做人行事呢?那真挚的期许、谆谆的教诲,留下落满阳光的记忆!

暖阳融融,阳光从窗棂溜进来,被镂空细花的窗纱筛成斑驳的淡黄,我重新翻阅爷爷曾带我读过的那些书籍,认真地摩挲感受。泛黄的纸张写满沧桑的文字,像爷爷谆谆的教诲,亦倾尽他的心血。那文字带着潇洒与惬意,藏着矜贵而细腻,亦如落满阳光的记忆。

关于爷爷的记忆是温暖的,满是阳光的味道。他的一言一行,助我茁壮成长。待到阳光熹微时,那落满阳光的记忆,定会让我的生命更加馥郁芳香!

请同学找出这篇文章的亮点:

_____

_____

_____

读懂从容

韶华易逝,岁月倥偬,人生的道路上驶过太多车马,为了追上他们,我亦步亦趋,或许错过了一丛迎春、一树海棠、一团艳菊、一点寒梅。幸而,有一束从容之花,应烈日而生,鲜妍娇嫩,桂馥兰香,侔色揣称。为了读懂它,也曾在很长一段时间陷入迷惘……

2020是迎接毕业季的学年,我的压力陡增,便买来各种练习题,整日慌慌张张朝着我的梦想进发。夜幕中灯光漂白了四壁,也把我黑色的影子投射在写字台侧面的墙壁上。连续"开夜车",让我萎靡不振;考试中的急功近利,让我心浮气躁,月考的成绩竟然惨不忍睹。爷爷见此便送了我一株铜钱草,它被安放在写字桌旁边的窗台上。这一抹绿色,生机勃勃,与我整日的郁郁寡欢,格格不入,我不懂爷爷送它来的意义。

转眼喜迎元旦,待暮色微沉,嫦娥也放下了帷幔,波荡的轻纱抓捕她曼妙的身姿。我仍未从期中考试的打击中走出来,百无聊赖地拿起喷壶给花花草草浇水,倒也不管它们是否喝饱了,睡着了,只一口气地向它们浇灌。爷爷见状,赶忙抓住我手,"哎呀,宝贝,你这可毁了我的铜钱草了⋯⋯"爷爷赶忙擦去台面上的斑斑水渍。我从失神中抽离出来,才正眼注视着它们,令人惊奇的是,只有那一株小小的铜钱草,没有溢出水来,我第一次好好端详它。这"似荷非荷叶如线,灯盏葱绿花不妍"的铜钱草,小小的根须攀在沙石上,不同于土壤的环境,细密的缝隙中充盈着水,原来它从未被填满,竟如此从容地伫立于水中,不悲不喜。再定睛一瞧,小小的水瓶壁上还镌刻着两个小字——"从容",笔力刚劲,入木三分。我有所触动,似乎读懂了爷爷的这株铜钱草。

考试后的这副模样,让我羞愧难当。是呀!生活中难免要面对各种挑战,坚强地迎上去,心境平和,从容不迫,方显英雄本色,就如铜钱草,它的从容源于适度的缝隙、适度的空气,这就是有条不紊、量力而行。

手执从容之花,读绿植,懂从容;读从容,懂成长。人生的路很漫长,学会淡然,不要让心随着得与失起起伏伏。在车水马龙的繁华中读懂一份从容,给心留一份甜,给成长之路添一盏灯!

请同学找出这篇文章的亮点:

_____

_____

_____

三、布置作业

要求:使用本节课中让文章有亮点的技法至少两种以上,写一篇不少于600字的文章,题目任选。

《幸福无处不在》《那一刻,我的世界春暖花开》

四、学后反思

_____

_____

第三章　说课稿
第一节　《陋室铭》说课稿

今天说课的内容是部编版七年级下册的一篇文言文《陋室铭》,我想从:教材分析、学情分析、教学目标及重难点、教法学法、教学过程和板书设计六部分展开,感谢各位专家评委聆听。

一、教材分析

教材的编写意图、地位和作用

《陋室铭》是一篇优美的抒情短文,文章采用托物言志的写法,通过对"陋室不陋"的描写,表达了作者高洁傲岸的节操和安贫乐道的情趣。学习这篇文章不仅能培养学生的文言阅读能力,而且有助于学生树立正确的人生观和世界观。

二、学情分析

学生经过七年级的初步学习,自制力有所增强,对文言文有了一定的知识积累,掌握了一些基本的学习方法,有比较明确细化的学习目标和比较理性的学习态度。该阶段重点培养学生对文言文较高层次的理解能力,让学生掌握更多的文言知识。在教学时,我们应在学生充分朗读的基础上,以文言文的分析与知识积累为目标,对学生进行文言文的系统讲解,以读促学,不断积累文言知识。

三、教学目标及重难点

(一)结合本单元教学目标和教材自身的特点,我把本课的目标制定为:

知识与技能:

了解作者及"铭"的特点,掌握文言实词的意思,翻译并背诵全文。

过程与方法:

理解文章内容,学习本文托物言志的写法。

情感态度与价值观:

理解作者高洁傲岸的节操和安贫乐道的情趣。

(二)本课教学重难点

1.教学重点:积累文言词句,熟读成诵。

确立依据为:课文篇幅短小,骈散句结合,韵律十足,读起来朗朗上口,学生的兴趣浓,在多次的诵读之后能了解课文大意,所以把多种形式诵读及当堂背诵定为教学重点。

2.教学难点:学习托物言志的写法;体会作者高洁傲岸的节操和安贫乐道的情趣。

确立依据为:短文采用托物言志的写法,表达了作者高洁傲岸的节操和安贫乐道的情趣,这对学生很有现实意义,但学生的认知水平还未达到理解的程度,因此把它确立为教学难点。

四、教法学法

（一）教法

结合学案导学案的预设,我采用情境教学法、诵读法、练习法等,指导学生学习。

1.情境教学法:运用多媒体课件等,给学生以直观感受,刺激学生多种感官,让他们参与学习,增强教学效果。

2.诵读法:在教学中,将朗读教学贯穿课堂始终,教师示范朗读,学生交替轮读、个别读、齐读和散读等多种形式相结合,引导学生欣赏、领悟短文的优美意蕴。

3.练习法:在教学过程中反馈越及时越好。因此设计一些当堂练习,采用随机抽签、指名提问等形式,及时反馈课堂教学效果。

（二）学法

通过学案导学案的引领,让学生当堂掌握重点实词、背诵全文并理解文义。

1.朗读法:采用多种朗读形式,培养学生语感,理解文义。

2.讨论法:结合学案导学案的引领,学生分组讨论串译课文。

3.自主、合作、探究学习法:学生结合学案导学案的题目设置,结合网络教学资源理解文章大意。

五、教学过程

（一）课前二分钟屏幕展示"教学目标"（2分钟）

这一设计,从教的方面说,它具有"导向作用",有利于达到教学目的;从学的方面说,它具有"激励作用",目标明确,便于发挥学生的积极性、主动性。

(二)故事导入并解题(4～5分钟)

上课之前讲述本文的作者——刘禹锡的故事,导入课文并适时解题,讲述"铭"的含义。

唐顺宗时,刘禹锡热心于政治革新,得罪了不少当朝权贵,失败后被贬到和州当刺史。按当时的规定,他应住衙门里三间三厢的屋子,可是和州的策知县是个趋炎附势的小人,他见刘禹锡被贬而来,便多方刁难他。策知县先叫刘禹锡在城南面江而居。刘禹锡不但不埋怨,反而高兴地写了一副对联贴于门上:"面对大江观白帆,身在和州思争辩。"他的这一举动气坏了策知县,策知县又将他的房子由城南门调至城北门,住房由三间缩小到一间半,而这一间半位于河边,附近垂柳依依,环境也还可心。刘禹锡仍不计较,在门上写了两句话:"杨柳青青江水平,人在历阳心在京。"策知县气得脸都发青了,干脆将刘禹锡的房子调到城中一间只能容一床一桌一椅的小屋。仅半年,连搬三次家,刘禹锡想,这是欺人太甚,遂愤然提笔写下这篇超凡脱俗、情趣高雅的《陋室铭》,并请人刻上石碑,立在门前,气得策知县哑口无言。

解题:陋室,简陋的屋子。

铭:古代刻在器物上用来警诫自己或者称述功德的文字,后来成为一种文体。

这个故事的导入,不但激发了学生的兴趣,而且使学生的情感受到了感染熏陶,为下面理解作者的情怀创设了良好的情境。

(三)初读——感受语言美(4分钟)

教学千法读为本。在这个诵读环节中,指导学生:一要读准确,二要读出节奏,三要读出感情。《陋室铭》是用韵的,并引导学生找出文章韵脚,为背诵打下坚实基础。

(四)再读——串译文章内容(8～10分钟)

学生分组讨论并结合课下注释串译课文。教师巡视各组情况,如遇组内解决不了的问题,可以当堂提出,其他组帮助解答。这种学习方式,学生更乐于参加,他们的思维也能得到更好的发展。

(五)三读——领悟内涵(8～10分钟)

学生在试背课文的过程中,想象陋室中的画面,体会作者感情,以情带声,以声传情,声情并茂,最后在理解文章大意的基础上熟读成诵。

读是思的基础,思是读的途径。在这一环节中,我还设计了下列几道问题让学生讨论。(屏幕显示思考题)

1. 在读的过程中,你认为哪两个句子最能体现作者的思想感情?你会用什么语气来读?

明确:"斯是陋室,惟吾德馨。"

2. "德馨"具体体现在哪些方面?结合你们想象的画面,用文中的句子回答。

明确:"苔痕……劳形"。

3. 作者居于陋室却不失雅致地生活,并能充满感情地描绘陋室,可见作者是一个怎样的人?

明确:高洁傲岸、安贫乐道的人。

4. 作者高洁傲岸的节操和安贫乐道的情趣没有直接表达出来,而是通过对陋室情景的描绘体现出来,这是什么写法?

明确:托物言志。

以上题目的设置,有易有难,能激发不同层次的学生参与课堂的兴趣,积极思考表达,帮助学生领悟文章内涵、领会作者的情操和志趣。

(六)拓展训练(10分钟)

小小演说家比赛:

结合现实,2018年中国陕西、河北、湖南、安徽等地发生雪灾,假设刘禹锡在这个时代会如何做,请学生结合作者生平来谈一谈。

这一环节的设置,能充分激发学生的表达欲望,使其充分展示自己的才华。

(七)小结(2分钟)

根据课堂情况适时总结,引导学生结合作者曾为黎民赈灾的情况,与当代李克强总理泪洒暴雪灾区的情景,教育学生体悟:古有刘禹锡,今有李总理,为民鞠躬尽瘁,教育学生学习他们高尚的品德和操守,这对于他们更有现实意义。

以上内容的设置,鼓励学生了解国家大事,也能让学生更深刻地体味文章的主旨。

（八）布置作业（1分钟）

必做:1.背诵默写课文。

　　2.重点实词含义的理解。

选做:1.有节奏有韵律地朗诵《陋室铭》。

　　2.仿写《陋室铭》,如《学习铭》《朋友铭》等。

以上题目的设置,是因为《陋室铭》是一篇经典的文言短文,所以背诵和默写对各个层次的学生都是必不可少的,选做作业的目的也是鼓励不同层次的学生参与完成,以提高不同层次学生的语文能力。

六、板书设计

板书,这是本课内容的高度浓缩版,理解文意,积累文言词语,把握文章层次,突出重点。理解托物言志的手法,突破难点。

陋室铭

刘禹锡

环境(幽)雅

陋室不陋　　　交往(儒)雅　　　　托物言志

情趣(高)雅

第二节　《敬业与乐业》说课稿

《敬业与乐业》是部编版九年级上册第二单元的一篇文章,我想从:教材分析、学情分析、教学目标及重难点、教法学法、教学过程和板书设计六部分展开说课内容。

一、教材分析

教材的编写意图、地位和作用

《敬业与乐业》是九年级上册第二单元中的一篇议论文,选自近代思想家梁启超的《饮冰室合集》,是一篇关于人生与事业关系的演讲稿。文章开篇就提出了"敬业乐业"的中心话点,接着分别从"有业""敬业"和"乐业"三个方面进行论述。全文论证观点鲜明,结构层次清晰,语言通俗易懂,有理有据,对敬业与乐业的重要性这一观点进行深入论述,并在结尾提出:希望大家发扬"敬业与乐业"精神,去过人类合理的生活。

二、学情分析

学生经过七、八年级的系统学习,年龄逐渐增长、心智逐渐成熟、自制力不断增强,考试压力逐渐增大,学习目标更加明确、细化;他们有着比较理性的学习态度。九年级阶段学习氛围良好,一部分学生对于议论文的学习达到了较高层次的理解和运用,对于议论文掌握了一定的学习方法。在教学时,我们应以议论文的分析与应用为目标,在教学内容上,依据本课的重难点内容对学生进行议论文的系统性讲解,巩固议论文的基础知识,加强议论文阅读训练,提高学生的语文能力。

三、教学目标及重难点

(一)结合本单元教学目标和教材自身的特点,我把本课的目标制定为:

知识与技能

了解作者及写作背景。

在语境中理解、积累和掌握内涵丰富的词语,如"征引、旁骛、敬业乐群、断章取义、不二法门"等。

让学生理清这篇演讲词的结构,体会其层次分明、条理清晰的特点。

过程与方法

体会口语和书面语的差异。

引导学生掌握举例论证与道理论证的方法。

明白"敬业与乐业"的重要性,领悟"敬业与乐业"的精神实质。

情感态度与价值观

培养学生养成敬业与乐业的精神。

(二)本课教学重难点

1. 教学重点

(1)了解作者及写作背景。

（2）在语境中理解、积累和掌握内涵丰富的词语，如"征引、旁骛、敬业乐群、断章取义、不二法门"等。

（3）让学生理清这篇演讲词的结构，体会其层次分明、条理清晰的特点。

2.教学难点

（1）引导学生掌握举例论证与道理论证的方法。

（2）明白"敬业与乐业"的重要性，领悟"敬业与乐业"的精神实质。

（3）让学生学习敬业与乐业的精神。

四、教法学法

新课改背景下，学生是学习和发展的主体。语文课程必须根据学生身心发展和语文学习的特点，关注个体差异和不同学生的需求，呵护学生的好奇心、求知欲，充分激发学生的主动性与进取精神，倡导自主、合作、探究的学习方式。学生通过学案导学案的引领，理清议论文的结构层次，掌握议论文的基本知识，明晰作者写作的主要意图等。

（一）教法

结合学案导学案的预设，我采用情境教学法、诵读法、讨论法等，指导学生学习。

1.情境教学法

运用多媒体课件等，给学生以直观感受，刺激学生多种感官，让他们主动参与学习，增强教学效果。采用情景教学，可以较好地扣住教材特点，扩大教学内容，吸引学生注意，强化训练目标，诱发学习动机，激发学习兴趣，从而培养学生的语文能力。苏霍姆林斯基说过这样一句话："如果教师不想方设法使学生产生情绪高昂和智力振奋的内心状态，就急于传授知识，那么这种知识只能使人产生冷漠的态度，而不动情感的脑力劳动就会带来疲劳。没有欢欣鼓舞的心情，没有学习兴趣，学习也就成了负担。"文章的导入新课部分就以情境教学开始：播放影片——梁启超的一组故事，引导学生走近梁启超，走进课文。

2.诵读法

在教学中，我始终将朗读教学贯穿课堂始终，新课标也指出："应该注意加强学生平日诵读的评价，鼓励学生多诵读，在诵读中增强积累、发展语感、加深体验与领悟。"针对这篇演讲词,语言表达通俗浅显,大量引用经典、格言的特点,引导学生反复诵读,整体把握课文的论证观点和行文思路,体会作者演讲词口语化的语言特色。

3. 讨论法

教育教学的主体始终应是学生,我对本课适时采用讨论法进行教学。在教学过程中,我把事先设计的若干个问题,在学生反复朗读中适时抛出,学生以问题为中心进行讨论,在教师引导下完成师生、生生对话,从而达到解决问题、掌握知识的目的。在讨论过程中,学生用心思考、辨析、归纳和总结。

(二)学法

1. 自主、合作、探究学习法

通过学案导学案的引领,学生在学习的过程中获取、整理、贮存和运用知识,养成良好的学习习惯,提高学习能力。因此,在本课的教学中,我将促使学生进行主动探究学习,让学生在分析、比较、思考、讨论、释疑中达到"提出问题、参与过程、解决问题"的目的。把学习的权利交给学生,帮助学生在参与体验中主动学习。

2. 圈点勾画法

在教学过程中,注意养成学生良好的学习习惯,提倡"不动笔墨不读书"的做法,使其逐渐养成圈点勾画的读书习惯。

五、教学过程

本着以人为本的教育教学理念,依据学生的认知规律,我设计了导入新课、整体感知、合作探究、拓展延伸、布置作业等五个教学环节。其中,导入新课预估3分钟;整体感知预估15分钟;合作探究预估18分钟;拓展延伸预估5分钟;布置作业预估2分钟。如果有剩余时间,适当安排教学反馈这一环节。以导学案或多媒体课件作为辅助手段。

(一)导入新课(本环节主要采用情境教学法)

影片播放关于梁启超的一组故事:"有人在平地,看我上云梯;堂前悬镜,大人明察秋毫;饮茶龙上水,写字狗耙田;我欲问苍天,苍天长默默。"但不点明这些故事的主人公,给学生们一定的提示:"他既是中国近代维新派领袖之一,发表过《变法通议》,还参加过百日维新,并自号'饮冰室主人',他到底是谁呢?"引导学生在大脑里搜索与梁启超有关的资料。

（二）整体感知（本环节主要采用诵读法、圈点勾画等教学方法）

1.作者简介

梁启超（1873—1929），字卓如，号任公，又号饮冰室主人，广东新会人。中国近代维新派代表人物、学者、思想家、文学家。与康有为一起领导了著名的"戊戌变法"，世称二人为"康梁"。曾倡导文体改良的"诗界革命"和"小说界革命"，开辟了近代文学理论探索和文学创作的新局面。其著作合编为《饮冰室合集》。

结合影片故事的新课导入,作者简介的适时插入,不但让学生了解了梁启超的生平经历,还激发了学生的学习兴趣,为下面研读全文创设了良好的教学情境。

2.写作背景

本文选自《饮冰室合集》第五册（中华书局1989年版）。本文是作者1922年8月14日在上海中华职业学校的演讲。在对作者有一定认识的基础上,向学生交代写作背景,让他们更深入地了解这篇演讲稿的重要意义。

3.诵读课文,疏解字词（并圈点勾画出文中表现作者对敬业与乐业观点、看法的语句）。

（1）读准字音

承蜩（tiáo）　　　佝偻（gōu lóu）　　　亵渎（xiè dú）

骈进（pián）　　　层累（lěi）　　　　　心无旁骛（wù）

讨伐（fá）　　　　赦免（shè）　　　　　解剖（pōu）

教诲（huì）　　　　罪孽（niè）　　　　　拣择（jiǎn）

羡慕（xiàn）　　　果实累累（léi）　　　强聒不舍（guō）

忠心耿耿（gěng）　百丈禅师（chán）　　断章取义（zhāng）

（2）理解词语

敬业乐群:专心于学业,与朋友和睦相处。

安居乐业:安定地生活,愉快地工作。

断章取义:不顾全篇文章的内容,而只根据需要,孤立地截取其中一段或一句的意思。

不二法门:常用来指最好的或独一无二的方法。法门,指修行者入道的门径。

理至易明:道理极容易明白。

征引:引用。

旁骛:在正业以外有所追求。骛,追求。

亵渎:轻慢,不尊敬。

骈进:并排前进。

强聒不舍:唠唠叨叨说个没完。聒,声音嘈杂,使人厌烦。

以上内容的设置,目的是扫清文字障碍,便于理解文章内涵。

(3)梳理结构

让学生思考以下问题。

①找出本文的中心论点。

明确:我确信"敬业乐业"四个字,是人类生活的不二法门。

②作者围绕中心论点,先后谈了哪几个问题?

明确:有业、敬业、乐业。

(三)合作探究

1. 如何理解"因自己的才能、境地,做一种劳作做到圆满,便是天地间第一等人"这句话。

明确:表明了作者"不论从事什么职业,都应全身心投入"的观点。做到这样的人,"便是天地间第一等人"。

2. "我信得过我当木匠的做成一张好桌子,和你们当政治家的建设成一个共和国家同一价值;我信得过我当挑粪的把马桶收拾得干净,和你们当军人的打胜一支压境的敌军同一价值。"这句话表明了作者怎样的观点?

明确:作者认为凡是职业都是神圣的、可敬的。每个人根据自己的才能、境地,把一种劳作做到圆满,都是社会所需要的、不可缺少的,"大家同是替社会做事",劳动价值相同,"并没有高下"。说明"凡职业没有不是可敬的"。

3.请分析文中"今日大热天气,我在这里……难道又不苦?"这段话的好处。

明确:活用口语,拉近了与听众的距离,更好地与听众进行心灵的沟通。"难道"领起的反问句增强了辩驳的气势,道出了"乐业"的重要性。

4."我深信人类合理的生活总该如此,我盼望诸君和我一同受用!"这句话中的"人类合理的生活"应怎样理解?

明确:(1)应该有一份正当的职业,不能"饱食终日,无所用心";(2)对于所做的事情应该心生敬意,要全神贯注,心无旁骛,积极投入地去做好它;(3)学会从专心做事中发现乐趣,不能只是一味地叫苦,要达到"乐以忘忧"的境界。

这一环节的设置:学生从独立转向合作探究,同学之间、师生之间相互质疑、相互启发,拉近了师生间的距离,有利于学生创造思维的培养。这样既很好地完成教学目标,又突破了教学重难点。

(四)拓展延伸(这个环节的设计就把课堂教学向生活延伸了)

1.资料积累:如关于佛门与儒门的专业术语积累,关于"敬业""乐业"的名言警句。

2.交流表达:请为"有业之必要"列举几个例子,或者为"凡职业都是有趣味的"列举几个例子。

这些环节的设置,既丰富了课堂内容,又拓宽了语文教学的外延。

(五)布置作业

依据学生语文学习基础的差异,在布置作业时,采用分层作业。学优生、中等生、学困生都能完成相应的作业。针对本课的教学重难点,学生可以从以下多项作业中任选1或4项作业完成。

必做:

1.掌握本课重点词语的字音、字形及大意。

2.教师引导学生课后完成本课时对应练习,并预习下一课时内容。

选做:

1.查阅相关资料,了解梁启超的另一篇议论文《最苦和最乐》,理清文章的层次结构。

2.文中说:"事的性质,从学理上解剖起来,并没有高下。"又说:"我信得过我当木匠的做成一张好桌子,和你们当政治家的建设成一个共和国家同一价值。"而拿破仑有句名言说:"不想当元帅的士兵不是好士兵。"对这两种人生观,你如何看待,倾向于哪一种?请从事例和道理两方面为你的看法搜求充足的证据。

必做和选做作业的设置目的是:让不同层次的学生都有表现的机会,激发他们做作业的兴趣;鼓励每位学生选做略高于自己水平的作业,让每个学生的语文能力得到有效提升。

六、板书设计

板书是课堂教学的"眼睛"和"灵魂",是整个教学内容的高度浓缩,也是学生学习思路的精炼再现。这节课我与学生合作,把文章的层次结构加以提炼,完成板书设计,目的是让学生抓住重点、加深记忆。

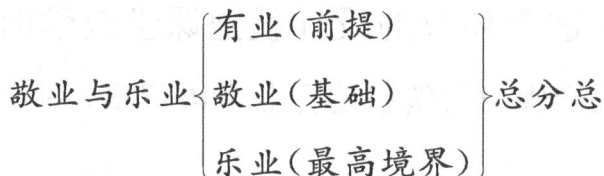

$$敬业与乐业 \begin{cases} 有业(前提) \\ 敬业(基础) \\ 乐业(最高境界) \end{cases} 总分总$$

第三节　《就英法联军远征中国致巴特勒上尉的信》说课稿

今天说课的内容是部编版九年级上册的《就英法联军远征中国致巴特勒上尉的信》这篇文章,我想从:教材分析、学情分析、教学目标、教法学法、教学过程和板书设计六部分展开,感谢各位专家评委聆听。

一、教材分析

(一)教学内容

《就英法联军远征中国致巴特勒上尉的信》是部编版九年级上册第二单元的第七课,文章的内容是法国著名作家雨果就英法联军远征中国一事,愤怒谴责英法联军的强盗行为,愤怒谴责英法联军毁灭世界奇迹圆明园的罪行。他对中国所遭受的空前劫难深表同情,表现出对东方艺术、对亚洲文明、对中华民族的充分尊重。

(二)教材的地位、作用

本课作者雨果愤怒谴责了非正义战争的罪恶。学习这篇课文就要抓住文章的语言特色,了解作者的伟大情操,让学生把关注的目光投向艺术、文化、人类及全世界,关注那段惨痛的历史,探究被劫掠的根本原因,进而培养学生的审美体验、提升语文能力、激发爱国情感、珍视人类文明成果,培养热爱全人类文化的情感。

二、学情分析

学生对于近代中国被侵略的历史在八年级上学期的历史课中有了充分的学习,教师可以适时调动学生的知识储备,激发学生的学习兴趣,进行学习指导和能力提升。在思想认识上,学生对英法联军侵华的罪恶行径有强烈的认同感。在比较阅读中,让学生充分感受侵略战争的罪恶。法国作家雨果不受当局言论的影响,能站在公正的立场上评价甚至是谴责这些行径,可见他的远见卓识和公平正义是多么难能可贵。

三、教学目标

（一）教学目标

依据新课标,结合本课的特点、学生的基本能力及个性特征,我制定了以下教学目标。

知识与能力:有感情地朗读课文,学习文中优美的环境描写,体会各具特色的语言。

过程与方法:通过比较阅读,辨别赞美语言和反讽语言的细微差别。

情感态度与价值观:学习雨果广阔的胸怀和伟大的人格,教育学生珍视人类文明成果,尊重人类文明创造,培养热爱全人类文化的情感。

（二）教学重难点

学生是课堂的主体,在安排教学内容时教师首先要清楚地知晓学生的语文基础、存在困难以及其个性心理特征,有的放矢地确定学习的重点、难点及对策。鉴于对课文的分析及学生情况的了解,我确立本课的教学重难点为:

重点:学习文中优美的环境描写,体会各具特色的语言,学习雨果广阔的胸怀和伟大的人格。

难点:通过比较阅读,辨别赞美语言和反讽语言的细微差别。

四、教法学法

(一)教法

根据教材及学生的特点,结合教学目标和学习重难点,本课我想采用朗读法、讨论法、合作探究法、点拨法等教学方法,其中以多种形式的诵读为依托,通过分组讨论,自主学习与合作探究学习等贯穿课堂始终,其间结合影视资料和多媒体课件辅助教学。

(二)学法

1. 朗读法:朗读中体味文章"反语"的语言特色,体会作者的崇高思想境界。

2. 小组合作探究:通过分组合作,学生一起反思历史,让学生表达自己的观点,结合他人的观点,形成自己的评价和认识。

五、教学过程

(一)导入新课

首先运用多媒体课件播放两组图片:第一组图片是富丽堂皇的圆明园复原后的环境与举世瞩目的艺术品;第二组图片是圆明园被英法联军抢掠火烧后断壁残垣的景象。

同学们,你们有谁参观过圆明园遗迹?圆明园被誉为"万园之园",是我国近代一座奇美无比的园林,可惜它被一伙入侵的盗贼焚毁了,如今我们只能看到这些断壁残垣。有一位法国作家——维克多·雨果对这一破坏践踏人类文明的罪行发出强烈抗议与愤怒谴责!今天,我们一起走进这一课!

这一环节设置的目的:兴趣是最好的老师。通过图文并茂的导入,创设学习氛围,从而激发学生学习的兴趣,便于学生全身心地投入到学习中。

(二)作者简介

雨果(1802～1885),19世纪前期积极浪漫主义文学的代表作家,法国文学史上卓越的资产阶级民主作家。贯穿他一生活动和创作的主导思想是人道主义、反对暴力、以爱制"恶",代表作品有《巴黎圣母院》《悲惨世界》《九三年》等。

(三)预习检查

1. 检查字词

赃(zāng)物　　　箱箧(qiè)　　　制裁(cái)　　　恍(huǎng)若

琉(liú)璃(lí)　　　珐(fà)琅(láng)　　　眼花缭(liáo)乱　　　惊骇(hài)

晨曦(xī)　　　　瞥(piē)见　　　　劫(jié)掠　　　　　给(jǐ)予

2.解词

赃物:贪污受贿或盗窃来的财物。

箱箧:箱子。

制裁:用强力管束并惩处,使不得胡作非为。

荡然无存:形容原有的东西完全失去,不存在。

不可名状:不能够用语言形容。名,说出。

(四)初读课文,理清结构

文章可分为几部分? 所写的内容是什么?

明确:

(1)两大部分。

(2)盛赞圆明园,讽刺侵略者。

以上这一环节的设置目的是:扎实学生语文基础,扫清文章中的文字障碍;梳理文章层次结构,便于学生理清作者写作思路,更深入地理解文章内容。

(五)诵读课文,品味语言

这个教学环节,我预设了以下几个问题:

1.雨果运用怎样的语言盛赞圆明园?找出作者对圆明园高度评价的关键语句。学生自由阅读文章,找出文中的相关语句。

明确:

(1)圆明园是"幻想的某种规模巨大的典范,一座言语无法形容的建筑,某种恍若月宫的建筑"。作者用大理石、玉石、青铜、瓷器、雪松、宝石、绸缎、神殿、后宫、城楼、神像、异兽、琉璃、珐琅、黄金、脂粉、一座座花园、一方方水池、一眼眼喷泉,加上成群的天鹅、朱鹭和孔雀等无数华贵的象征,铺就了一幅华贵的想象画面,构成他心中的圆明园。正如他所说:"总而言之,请你假设人类幻想的某种令人眼花缭乱的洞府,其外观是神庙,是宫殿,那就是这座园林。"

(2)①是东方幻想艺术中的最高成就。②几乎集中了超人的民族想象力所能产生的一切成就。③是幻想的某种规模巨大的典范。

2.对英法联军远征中国这一事,雨果的立场和态度是怎样的?表达了作者怎样的思想感情?学生两两分组讨论,各抒己见,在交流中总结归纳。

明确:

(1)站在公正的立场上,立场坚定、态度坚决地对英法联军的滔天罪行进行了强烈谴责和辛辣讽刺。

(2)对被侵略者和被掠夺者深表同情,文章的字里行间流露出深厚的人道主义精神。

3.作者在揭露英法联军野蛮行径时并没有直接用强烈的语言进行谴责,但是却达到了事半功倍的效果,原因是什么?学生认真研读课文相关语句后讨论交流。

明确:

作者运用了反语的修辞手法,加强谴责效果。如"丰功伟绩!收获巨大!两个胜利者,一个塞满了腰包,这是看得见的,另一个装满了箱箧。他们手挽手,笑嘻嘻地回到欧洲"。英法联军把丑陋的劫掠行径,如此"荣光"地表现出来,作者抓住这一特征,运用反语的修辞,揭露了英法联军不以为耻、反以为荣的丑陋,达到强烈谴责的效果。

设置这一环节的目的:本文是一篇感人肺腑、语言精警、很有感染力的文章。本环节的设计,通过诵读和小组合作探究的方式,学生既真切地感受到作者对圆明园的高度赞美,又能深刻地体悟到对英法联军侵略行为的强烈谴责,让学生形成鲜明的对比感受。在此基础上,进入下一环节的学习。

(六)再读文章,拓展延伸

1.雨果是参与掠夺与侵略的法国的公民,他却能站在公正的立场上给巴特勒写这封信,这表现了他怎样情感和性格特征?

学生四人一组讨论、交流,畅所欲言,归纳总结。然后由小组长派代表发言。做到学生积极参与课堂,师生共同对回答进行评价。

明确：

雨果有清醒的头脑、公正的立场,有正义,有良知。文中有这样的语句足以证明"政府有时会是强盗,而人民永远也不会是强盗"。我们还要学习他博大的胸怀与高尚的品格。

设置这一环节的目的:通过合作探究,学生既能勇敢地表述自己的见解,又能在其他同学的反馈中取其精华,在交流中对文章进行深入理解。

（七）布置作业

必做:

1. 根据拼音写出汉字。

(1)这是某种令人惊 hài（　　　）而不知名的杰作,在不可名状的晨 xī（　　　）中依稀可见,宛如在欧洲文明的地平线上 piē（　　　）见的亚洲文明的 jiǎn（　　　）影。

(2)总而言之,请你假设人类幻想的某种令人眼花 liáo（　　　）乱的洞府,其外观是神庙,是宫殿,那就是这座园林。

2. 下列词语中与"不可名状"中的"名"字意思相同的一项是（　　　）

A 莫名其妙　　　B.名副其实　　　C.沽名钓誉　　　D.闻名遐迩

3. 下列作品不属于雨果的一项是（　　　）

A.《九三年》　　B.《巴黎圣母院》　C.《三个火枪手》　D.《悲惨世界》

4. 下列句中加点词语没有使用反语修辞方法的一项是（　　　）

A. 丰功伟绩! 收获巨大!

B. 在世界的某个角落,有一个世界奇迹,这个奇迹叫圆明园。

C. 我希望有朝一日,解放了的干干净净的法兰西会把这份战利品归还给被掠夺的中国。

D. 从前对巴特农神庙怎么干,现在对圆明园也怎么干,只是更彻底,更漂亮。

选做:

学习了本文后,我们不仅品味了雨果的精彩语言,而且感受了他的博大胸怀和充满正义感的内心世界。请你也用书信的形式,给他写一封信,谈谈你读了本文后的感想。字数 400 字左右。

设置这一环节的目的：必做题的设计，主要是对基础知识的巩固，适应于绝大多数同学。选做题的设计，主要是在给雨果的书信中，有自己的心得和评价，进一步加深对课文的理解，体悟文章中作者的伟大人格。

六、板书设计

就英法联军远征中国致巴特勒上尉的信

雨　果

赞美圆明园　　　　讽刺侵略者

对比手法

清醒的头脑，正直的良知，公正的立场

设置这一环节的目的：该板书内容是文章内容的极简化，有利于学生把握文章内容，进一步学习雨果广阔的胸怀和伟大的人格。

第四节　《说和做——记闻一多先生言行片段》说课稿

《说和做——记闻一多先生言行片段》是部编版七年级语文下册第一单元的第二篇课文，我想从教材分析、学情分析、教学目标、教法学法、教学过程和板书设计六部分展开我的说课。

一、教材分析

本单元是以名人为主题的教学单元，涉及的人物有邓稼先、闻一多、鲁迅和孙权等，本单元的文章有丰富的人文内涵，主要颂扬了名人们对人类的贡献。《说和做——记闻一多先生言行片段》以闻一多先生的"说和做"总领全文，前半部分主要讲了他撰写《唐诗杂论》、《楚辞校补》和《古典新义》三本书的情况，着力表现闻一多先生"做了再说，做了不说"的精神，目的是表现他作为"学者的方面"；后半部分讲闻一多先生"说了就做"，作者挑选"参加游行示威、起草政治传单、群众大会的演说"这三个典型事例，表现了闻一多作为"革命家的方面"。这位卓越的学者、大智大勇的革命烈士，作者只用六件事就表现出了他不平凡的一生，可见其选材精当、布局严谨。本课共需两课时完成，今天我说课的内容是第一课时。第一课时，主要是熟悉课文，理清文章结构，初步理解文章选材精当的特色，分析作为学者的闻一多具备哪些优秀的品质，感受作者在文中饱含的赞美之情。

二、学情分析

七年级学生思维活跃,表现欲望强烈,对新鲜事物有兴趣,但他们对语文知识的储备还不够,这就要求老师要鼓励他们把自己不成熟但独特的见解表达出来,激励学生们参与课堂,表现自己,让他们成为课堂教学的主角,让他们的大脑兴奋起来,不断学习新的知识。

三、教学目标

(一)结合本单元教学目标和教材自身的特点,我把本课的目标制定为:

知识与技能

积累字词,了解人物臧克家和闻一多

整体感悟文义,理清文章脉络

过程与方法

学习课文选用典型事件表现人物的方法

学习本文结构严谨、选材精当的技法

情感态度与价值观

学习闻一多先生严谨刻苦的治学态度、无私无畏的斗争精神、澎湃执着的爱国热情、言行一致的高尚人格,我们能从中受到启迪,也有利于我们树立正确的人生观和价值观。

(二)教学重难点

学习用典型事例表现人物的方法及学习闻一多先生严谨刻苦的治学态度、无私无畏的斗争精神、澎湃执着的爱国情感和言行一致的高尚人格,这两项既是教学重点,又是教学难点。

四、教法学法

(一)教法

结合学案导学案的预设,我采用点拨法、朗读法、提问法等方法指导学生学习。通过设疑、朗读、讨论、理解等环节,让学生加深对文字的感悟和理解。让学生真正走进文本,触摸人物灵魂,感知人物的内涵品质。

点拨法:这篇文章的写作思路比较清晰,在教学过程中,可以使用多媒体展示需要大量口述的背景材料和难以转述的内容,对学生适度地点拨和引导,让其理解文章的内容。

朗读法:朗读是课堂教学的重要环节,是理解的基石、积累的捷径、语感的源泉,是学生理清文章思路过程中最适合的方法。多种形式的朗读对于学生理解文章有极大的帮助。

提问法:课堂上设计了若干个问题,在学生反复朗读中适时抛出,有利于学生理解文义。

（二）学法

通过学案导学案的引领,重视学生自主、探究性学习,尽可能让学生在现有知识储备的前提下推断出合情合理的结论,以期待学生能有更多的发散思维和更大的拓展空间。

自主、合作、探究学习法:通过品读文本,学生进行自主合作探究,培养学生筛选文本重点信息、概括文本的能力。学会讨论品味文章优美的语言,体会作者的思想感情,从中获得对自然、社会和人生的有益启示,将独立思考和小组合作结合,既能凸显学生的个性,又能培养学生合作探究的精神。

讨论法:以学生的学习活动为中心,通过设置各种问题让学生分析讨论,找出答案,让学生由被动接受知识转变为主动获得知识,也有利于养成合作探究的习惯。

五、教学过程

（一）导入新课

多媒体视频播放澳门回归主题曲《七子之歌 ·澳门》:

你可知"MACAU"不是我真姓?

我离开你太久了,母亲!

但是他们掳去的是我的肉体。

你依然保管我内心的灵魂。

那三百年来梦寐不忘的生母啊!

请叫儿的乳名,叫我一声"澳门"!

母亲啊母亲!我要回来,母亲!

……

同学们,你们知道《七子之歌—澳门》这首诗歌的作者是谁吗?对呀,就是闻一多!今天,我们就一起走进《说和做——记闻一多先生言行片段》,这篇文章的作者是臧克家,他是闻一多先生的学生。

设计思路:这样声情并茂的导入更能激发学生学习的兴趣,引起学生共鸣,为下面教与学活动的展开创设良好的氛围,让学生从感性到理性的认识中碰撞出思想火花。

（二）新授过程

1.作者及主人公简介

出示多媒体 PPT 展示下列内容,请同学朗读。

(1)作者简介

臧克家,是闻一多的学生和知己,两人友情深厚。著名诗人,代表作有《老马》、诗集《烙印》,被誉为"农民诗人"。臧克家于 1930 年至 1934 年在青岛大学学习期间,是闻一多先生的高足,经常出入于闻一多的办公室和家中向老师请教;闻一多也很赏识臧克家,1932 年回清华任教后写信给臧克家说:"得一知己,可以无憾,在青岛得到你一个人已经够了。"可见相知之深。1946 年 7 月 15 日,闻一多先生在昆明被国民党特务刺杀身亡,臧克家于 1946 年 8 月撰写《我的先生闻一多》以示悼念。2000 年获首届"中国诗人奖——终身成就奖"。2003 年获由国际诗人笔会颁发的"中国当代诗魂金奖"。2004 年 2 月 5 日去世,享年99 岁。

(2)闻一多简介

闻一多,本名家骅,诗人、学者、民主战士。1899 年 11 月 24 日出生于湖北省浠水县一个"世家望族,书香门第"。五四运动时在北京清华学校读书时即参加学生运动,曾代表学校出席全国学联会。1922 年赴美国芝加哥美术学院学习,后来研究文学。1925 年 5 月回国后,历任青岛大学、清华大学教授。1923 年出版第一部新诗集《红烛》,闪烁着反帝爱国的火花。1928 年出版第二部诗集《死水》,表现出深沉的爱国主义激情。此后致力于古典文学的研究。1937 年全面抗战开始,他在昆明西南联大任教。抗战中,他留了一把胡子,发誓不取得抗战的胜利不剃去,表示了抗战到底的决心。1943 年后,因目睹蒋介石反动政府的腐败,于是愤然而起,积极参加反对独裁、争取民主的斗争。1945 年为中国民主同盟中央委员兼云南省负责人,昆明《民主周刊》社长。"一二·一"惨案发生后,他更英勇地投身于爱国民主运动,最后献出了宝贵的生命。遗著由朱自清编成《闻一多全集》四卷。

　　设计思路:这一环节的设置目的是引导学生从课外走向课内,从书本走向生活,学习了解臧克家与闻一多,从而树立正确的人生观和价值观。

　　2.预习展示

　　(1)字音、字形

衰微(shuāi)　　　锲而不舍(qiè)　　　慷慨淋漓(kǎi)　　　兀兀穷年(wù)

沥尽心血(lì)　　　一反既往(jì)　　　诗兴不作(xìng)　　　漂白(piǎo)

目不窥园(kuī)　　　校补(jiào)　　　群蚁排衙(yá)　　　赫然(hè)

炯炯目光(jiǒng)　　　潜心贯注(qián)　　　迭起(dié)　　　高标(biāo)

迥乎不同(jiǒng)　　　望闻问切(qiè)　　　心会神凝(níng)　　　弥高(mí)

　　(2)词义

　　①衰微:(国家、民族)衰落,不兴旺。

　　②赫然:形容令人惊讶的事物突然呈现的样子。

　　③迭起:一次又一次地兴起出现。

　　④高标:在一般标准或平均程度之上,指超群出众。

　　⑤锲而不舍:不停地雕刻,比喻有恒心,有毅力。锲:刻。

　　⑥兀兀穷年:用心劳苦地一年到头这样做。穷年,终年、一年到头。

　　⑦迥乎不同:很不一样。迥:差得远。

　　⑧沥尽心血:用尽自己的毕生精力。沥:滴。

　　⑨潜心贯注:用心专注而深刻。

　　⑩心会神凝:指集中注意力。

⑪一反既往:完全改变以往的做法。既:已经。既往:过去。

⑫慷慨淋漓:形容情绪、语调十分激动,说法十分畅快。

⑬气冲斗牛:形容气势之盛可以直冲云霄。斗、牛,星宿名,借指天空。

设计思路:这一环节的设置目的是夯实学生的语文基础,扫清阅读分析时的文字障碍,为整体感知文章内容打下坚实的基础。

(三)初读课文,整体感知

(朗读课文,思考下列问题)

1.文章从哪两个方面来写闻一多先生的说和做?

明确:从学者的方面和革命家的方面来写的。

2.由此来看,文章可分为两个部分,哪些段落是写学者方面? 哪些段落是写革命家方面? 每个部分是怎样衔接起来的? 有何作用?

明确:

第一部分(1~7)记述闻先生作为学者方面的"说"和"做"。

第二部分(8~20)记述闻先生作为革命家方面的"说"和"做"。

两部分之间用了七、八、九三个段落过渡。第七段承接上文小结,第八、第九段开启下文。

作用:承上启下,前后呼应,这样连缀紧密,脉络清楚,过渡自然,把两个方面的情况简明地并列提出,给读者以深刻印象。

设计思路:这一环节的设置让学生通过朗读、设疑、讨论、理解,整体感知文章内容,理清文章脉络,注重筛选信息,为进一步深入学习闻一多的精神品质打下坚实的基础。

(四)研读课文,深入理解

第一部分思考:

1.文中哪两句话是对闻一多作为学者"说和做"的高度概括?

明确:

"人家是说了再做,我是做了再说。"

"人家说了也不一定做,我是做了也不一定说。"

"做了再说,做了不说。"

2.作为学者的闻一多有哪些主要成就?在写这三本书时,突出了闻一多先生"说和做"的什么特点?

明确:

《唐诗杂论》——"做"了再"说"。

《楚辞校补》——"做"了也不一定"说"。

《古典新义》——"做"了也不一定"说"。

设计思路:这一环节的设置目的是让学生通过讨论分析,初步了解闻一多的主要事迹,了解他作为学者方面严谨刻苦的治学态度。培养学生主动探究、积极参与、团结合作、勇于创新的精神。

第二部分思考:

1.文中哪一句话是对闻一多先生作为民主战士的"说和做"的高度概括?

明确:他,是口的巨人。他,是行的高标。

2.闻一多先生"说"了就"做"了,文中写他做了几件事?在写这三件事时,突出了闻一多先生"说和做"的什么特点?

明确:

三件,分别是起稿政治传单、群众大会演说、参加游行示威。

说了就做。

设计思路:这一环节的设置目的是让学生通过自主、合作、探究的方式,充分学习闻一多作为民主战士、革命家方面的说和做。在教与学的双边活动中,教师要充分发挥主导作用,启发学生思维,让学生主动积极地钻研课文内容,深刻感知闻一多先生无私无畏的斗争精神、澎湃执着的爱国热情及言行一致的高尚人格。

（五）拓展训练

1.小组合作探究闻一多先生这位英雄,他的哪些优秀品质值得我们学习?

明确:严谨刻苦的治学态度、无私无畏的斗争精神、澎湃执着的爱国热情、言行一致的高尚人格。

2.请同学们说说你怎么理解闻一多先生作为革命家的"说"和"做"。

明确:略

设计思路:采用合作探究的教学方法,鼓励学生敢于发表自己独特的见解,提高把握关键语句的能力、复述的能力和概括的能力;让学生的主体作用得到充分发挥,逐步养成分析解决问题的能力。

（六）布置作业

必做:

生字词掌握字音字形。

理解重点词语的大意。

选做:

适当摘抄文中你喜欢的语句,并讲出自己喜欢的理由。

闻一多先生的事迹很多,为进一步了解他,请查阅相关资料,为本文补充一两个关于他的事例。

六、板书设计

说和做——记闻一多先生言行片段

臧克家

学者 { 编撰《唐诗杂论》 编撰《楚辞校补》 编撰《古典新义》 } 做了再说　做了不说

革命家 { 起稿政治传单 群众大会演讲 参加游行示威 } 说了就做

口的巨人
行的高标

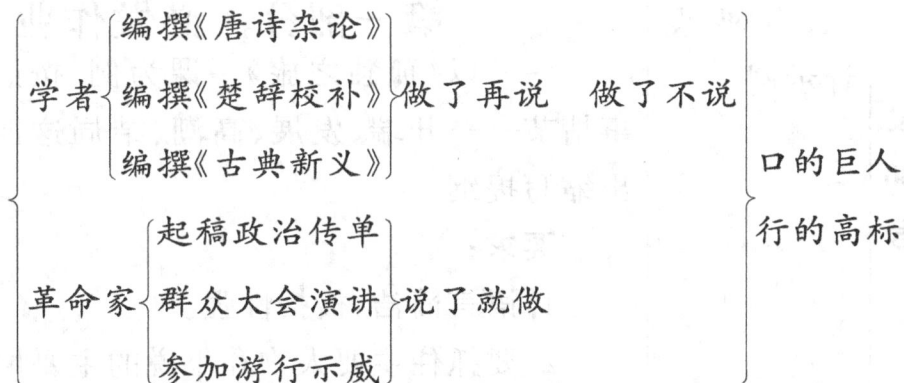

设计思路:板书的内容应由课堂讲解的内容而定,力求简洁,突出重点。这一环节的设计目的是帮助学生掌握文章重点,深化理解文章内容。

综上,一堂精彩的课程可能会影响孩子今后的发展,甚至是一生。我想帮助学生们打开那些通往知识殿堂的大门,与他们一起去享受丰富的知识盛宴,与他们碰撞出智慧的火花。这是我本节课的追求,也是我教育生涯中执着追求的梦想。

第四章　课堂教学内容实录
第一节　义务教育阶段各学科作业设计案例实录

案例名称	《缩写训练》		
持有人	郑永迎	学校	天津市宁河区北淮淀镇中学
学段	初中	学科	语文
教材版本单元(或章节、课时)	部编本九年级上册第四单元:写作——《学习缩写》		
适用年级	九年级		
优秀作业设计方案(4000字以内,题号可以增加)	一、设计目标	1.缩写时,要突出原作要点,把握作品的主旨,理清文章思路和结构。 　　2.要体现原作的风格和面貌,不改变原作体裁,保留原作的主要事件、情节等。 　　3.通过缩写训练,体现"简洁"的表达方式及其表达效果,提高学生的概括和表达能力。	
	二、作业设计示例	**第一部分　必做作业** 　　(一)以《孤独之旅》一课为例,按照小说的故事情节——开端、发展、高潮、结局这四个环节列出缩写提纲。 要求: 1.语言简洁,概括性强。 2.要抓住主要人物和小说的主要情节。 　　(二)根据以上环节的提纲,练习缩写《孤独之旅》的故事梗概。 要求: 1.字数在300字左右。 2.概括要准确,线索要清晰,结构要完整。 3.语言要简明通顺流畅,不需要做评论或补充解释。	

		第二部分　选做作业 （一）从本册书学过的议论文里选择一篇，缩写为 200 字左右的短文。 **要求：** 1.突出原文的论点，也可以包括主论点和分论点。 2.用简洁的语言将文章论证过程概括清楚。例如：按照议论文的基本结构：提出问题——分析问题——解决问题的方式进行缩写。 3.可以适当保留关键性的论据，但要删减其中的叙述或介绍成分。
	三、设计依据	依据部编本九年级上册第四单元：写作——《学习缩写》教材内容的要求，基于学生的学情差异，学生大体可分为低、中、高三个层次，这就要求我们要让每个学生的语文能力都要得到相应的提高，分层作业设计，恰恰让他们或巩固扎实所学知识、或提升拓展能力。
	四、设计意图	缩写，就是在保持主题思想不变的前提下，压缩文章的篇幅，"把主要内容用自己的话说一遍"（吕叔湘语）。通过缩写训练，可以提高学生把握文章要点、思路的能力，还能培养学生概括、综合的能力。
	五、难点剖析	缩写不等于简单地减少字数。动笔前要先认真阅读原文，深入体会作品的主旨，理清思路。缩写时对原作进行高度概括，但不能改变其中心思想，也不能随意增添内容。缩写还必定要删减部分内容，这就要分清原作的主干和枝叶，遵循"保持主干，删除枝叶"的原则，确定取舍和详略。因而扎实缩写前的课文教学和缩写时的详略取舍，这些都是难点。

六、效果与亮点分析(或反思改进)	分层作业设计以促进学生的全面发展为根本目标,以提高全员发展为核心,对教学活动所起的积极影响是传统作业无法比拟的。它充分体现"因材施教"的教育理念,真正实现"增效减负"。分层作业设计,针对不同学生,降低了作业的难度。目的是让不同层次的学生自主选择作业,能主动完成作业,让每个学生都能获得成功的喜悦,创设竞争有度、你追我赶的超越氛围。教师更应尽可能考虑不同学生的知识基础、思维能力、兴趣爱好,有针对性地设计不同层次、不同类型和不同水平的作业题目。但目前,我们尝试的分层作业仅能保证每课的作业设计分到2～3个层次,作业设计内容的层次性的把握有时并非完全合理,还要不断地改进。例如:在布置作业时,我们还可以将作业的层次分得更细致,不应只局限于2～3个层次,可以更多层次;还可以适当增加小组合作探究完成的作业,培养学生的合作意识,让"分层与合作"巧妙结合。当然我们更应尊重学生意愿,让学生选择适合自己的作业,教师在保护学生自尊心的基础上,可以适当建议,尽可能使学生在自己原有的层次上有所突破。
题型	写作训练
题量	共(3)小题,其中必做(2)题,选做(1)题。
时长	总时长(20)分钟,其中必做题(12)分钟,选做题(8)分钟

<table>
<tr><td colspan="3" align="center">**第一部分 必做作业**</td></tr>
<tr><td>题号（可添加数量）</td><td>（一）作业内容</td><td>（二）设计意图和题目来源（选编、改编、创编）</td></tr>
<tr>
<td>一、</td>
<td>以《孤独之旅》一课为例，按照小说的故事情节——开端、发展、高潮、结局四个环节列出缩写提纲。

要求：

1. 语言简洁，概括性强。

2. 要抓住主要人物和小说的主要情节。</td>
<td>**1. 题目来源：**

部编本九年级上册第四单元的写作训练——《学习缩写》。

2. 设计意图：

这项属于浅层次作业。目的是让学生在进行缩写训练时更好地把握作品的主旨。按照小说情节结构：开端—发展—高潮—结局，理清文章思路和结构。通过缩写训练提高所有学生的概括和表达能力。

3. 效果与亮点分析：

基于学生的学情差异，我将作业分成浅、中、难三个不同程度来适合各层次学生的需要，从而形成一连串的问题链。照顾不同层次的学生，让不同层次的学生都有体会成功的机会，使每个学生保持学习热情。这一环节的作业，属于浅层次的作业，因为课上对《孤独之旅》这篇文章有了讲解渗透，这项作业属于复习巩固的内容，几乎所有学生都能完成，照顾了全体，减轻所有学生过重的课业负担、心理负担，更深层次地唤醒学生对学习的兴趣。</td>
</tr>
</table>

		根据以上环节的提纲,练习缩写《孤独之旅》的故事梗概。 **要求:** 　　1.字数在300字左右。 　　2.概括要准确,线索要清晰,结构要完整。 　　3.语言要简明通顺流畅,不需要做评论或补充解释。	**1.题目来源:** 　　部编本九年级上册第四单元的写作训练——《学习缩写》。 **2.设计意图:** 　　这项属于中层次作业。要求学生要在弄清文章主要内容和中心思想的基础上进行,这一环节就是给第一个作业"添枝加叶",让学生理出小说的重点内容。80%的学生都能很出色地完成。让中层次的学生语文能力有所提高,最大限度地发挥自己的潜能,不断进步。 **3.效果与亮点分析:** 　　缩写环节是让学生自由讲述故事,学会概括故事梗概。在练习的过程中,学生课上已经了解了缩写的基本要求,并由浅入深地了解了缩写的特点。绝大多数学生对原作的内容进行探究辨别,也能够做出详和略的取舍。这一环节的作业,绝大多数学生应该游刃有余。这项作业的设置,既调动了学生学习的积极性,也减轻了学生的课业负担,提高了学习的效率。
	二、		

第二部分　选做作业

题号（可添加数量）	（一）作业内容	（二）设计意图和题目来源（选编、改编、创编）
一、	从本册书学过的议论文里选择一篇，缩写为 200 字左右的短文。 要求： 1.突出原文的论点，也可以包括主论点和分论点。 2.用简洁的语言将文章论证过程概括清楚。例如：按照议论文的基本结构：提出问题——分析问题——解决问题的方式进行缩写。 3.可以适当保留关键性的论据，但要删减其中的叙述或介绍成分。	**1.题目来源：** 部编本九年级上册第四单元的写作训练——《学习缩写》。 **2.设计意图：** 将学生的差异当作教学资源的现代教育观，要求我们承认差异、关注差异，满足每个学生的个性发展。这项作业的安排是从易到难，形成梯度的，适合语文能力较强的学生。这既让学生巩固议论文的基本结构方式，还做到了举一反三、触类旁通，极大地调动了高层次学生的积极性。 **3.效果与亮点分析：** 高层次的练习可用来引导学生知识的迁移和应用。设计这一环节的目的是从模仿性的基础练习到提高性的变式练习，再到拓展性的思考练习。在缩写时，学生不拘泥于一种体裁，让有创新思想见解的学生充分展示。高层次的作业满足了高层次学生的需要，让他们的拓展性、思辨性充分展示，也满足了学生个性发展的要求。既提高了他们的语文综合能力，也让他们真正体会到探索的快乐。

作业实施效果评价与改进

　　分层作业关注了学生的差异性,促进学生全面发展。分层作业设置时难易程度适当,作业量适中,采用必做、选做等方式,让不同层次学生的能力均有提高。对于基础扎实且能力较强的学生,在完成力所能及作业的基础上,尝试更高层次的作业,让其在原有的基础上有所突破。对于基础能力较差的学生,注重稳固基础知识,通过建议鼓励,其敢于尝试稍高层次的作业,这既激发了其学习的兴趣,又让他们收获了成功的体验。在学习过程中,每个学生都展示了自己的能力,还有自主选择的权利,充分体现了"因材施教"的教育理念,真正实现了减负不减质。在分层作业的层次设置时,不同层次作业难易程度的划分还不够准确。多数情况下,只划分为两三个层次,在今后的教学中,还应不断尝试把层次划分得更为详细;还要不断探索,形成更为完备的作业资源库和操作性更强的分层作业的管理模式。

承诺与责任	1. 保证作业设计案例不存在政治性、思想性、科学性和规范性问题。 2. 保证申报内容不涉及国家安全和保密的相关规定,可以在网络上公开传播与使用。 3. 保证申报的作业设计案例知识产权清晰,无侵权使用的情况。 4. 保证作业设计案例属实,并经过实施运行检验。 　　　　　　　申报主持人签字:郑永迎
学校推荐意见	单位盖章 　　负责人(签名): 　　　年　月　日
区教育行政部门推荐意见	单位盖章 　　　年　月　日

备注: 1.持有人:可以是团队,可以是教师个人;若是团队,总人数不得超过6人。

2.学生阅读作业文字等的时长不超过完成作业总时长的三分之一。

3.表格可以延长。

第二节　面授有阻碍,线上更精彩

2022年初,新冠疫情肆虐,中考临近。特殊时期,如何高效指导学生完成线上学习呢?我根据本班学生实际情况,依托网络平台,奉行以学生为中心的教育教学理念,协同本班教师群策群力,寻找适合学生的教学模式,全力打造高效网络课堂。依据以往网络教学的经验,我决定以同班为单位建立微信网上语文学习群。这样简化教学程序,给学生留出更多的自主学习空间。本文就"中考小说阅读专题——环境描写题型训练"为案例做简要分享。

一、授课采用的教学平台

1.天津市基础教育资源公共服务平台(人教备授课系统)+腾讯会议,为本课教学提供资源和授课平台。

2.班级微信语文学习群指导交流+导学案引领+直播课上提问、讲解+屏幕共享展示+众接龙签到、作业反馈等。

二、网课课前所需的准备

1.上课的前一天,在班级语文微信学习群给学生发放学习资源,包括《导学案(第一部分)(第二部分)》、教学课件、天津市基础教育资源公共服务平台的《初中语文小说阅读专项指导》的课堂教学资料链接等内容。

2.布置学生完成的《导学案(第一部分)》,预习第二部分;指导学生做好资料下载,为网络课堂学习做好充分准备。(预习准备需要20分钟)

以下为学生课前需要完成的预习作业:

中考小说阅读专题——环境描写题型训练导学案 (第一部分)		
预习 要求：	观看天津市基础教育资源公共服务平台的《初中语文小说阅读专项指导》的课堂教学资料链接,课前完成以下练习。	
练习 题目：	一、小说知识总述 1. 四大文学体裁：_____、_____、_____、_____。 2. 小说是以塑造_____为中心,通过完整的故事情节和具体的_____,综合运用语言艺术的各种表现方法,广泛而形象生动地反映社会生活的一种文学体裁。 3. 小说的三要素是_____、_____、_____。 4. 小说的故事情节由_____、_____、_____、_____四部分构成。 5. 小说的环境分为_____、_____。 6. 小说中的描写一般分为正面描写和侧面描写。其中正面描写又分为_____、_____、_____、_____细节描写。侧面描写通常分为_____、_____。	预习 反思：

3. 课前签到(3分钟)

在班级语文微信学习群中利用"众接龙"签到,方便快捷,本节课的签到暗语为——小说中的人物名称＋(学生姓名)＋来了(驾到……),例如:李逵(李闯)呼啸而至,林黛玉(孙慧怡)姗姗来迟,宋江(李阳)大驾光临,杜少卿(郑鑫铭)阔步而来……

注:每节课我们都有签到暗语,签到暗语由学生自创,形式多样,这样的课前热身,极大地激发了孩子们线上学习的热情。

三、授课过程(45分钟)

1. 进入腾讯会议。

2. 打开"天津市基础教育资源公共服务平台"的《初中语文小说阅读专项指导》的课堂教学资料链接快速播放(0～20分钟)的内容,完成预习作业的订正。(5分钟)

3. 教师列举考试时小说阅读中经常出现的几种常见题型。(3分钟)

(1)在文中找出描写环境的句子。(属于很简单的题型)

(2)分析概括环境的特点。(属于稍简单的题型)

(3)就指定的环境描写说出其作用。(属于较有难度的题型,且出现的频率比较高)

(4)依照文章内容发挥想象,续写一段环境描写。(属于有难度的题型,出现的频率并不高)

4. 请同学参看《导学案(第二部分)》,回答以下句子属于什么环境描写,并说出其在文中的作用。(8分钟)

注:此环节学生可以化身为"小小讲解员",利用腾讯会议"屏幕共享"的方式,从下列各题中任选一题为其他同学讲解。

(1)我们上了轮船,离开栈桥,在一片平静得好似绿色大理石桌面的海上驶向远处。

明确:自然环境描写。作用:渲染了海面的平静清雅,烘托出人物此时欢快、愉悦的心情。

(2)在我们面前,天边远处仿佛有一片紫色的阴影从海里钻出来。那就是哲尔赛岛了。

明确:自然环境描写。作用:渲染海面的阴郁,烘托了人物失望、沮丧的心情,推动了情节的发展,并与刚上船时的心情形成鲜明的对比。

(3)"那时我的父亲还在世,家景也好,我正是一个少爷。那一年,我家是一件大祭祀的值年。这祭祀,说是三十多年才能轮到一回,所以很郑重;正月里供祖像,供品很多,祭器很讲究,拜的人也很多,祭器也很要防偷去。我家只有一个忙月(我们这里给人做工的分三种:整年给一定人家做工的叫长年;按日给人做工的叫短工;自己也种地,只在过年过节以及收租时候来给一定的人家做工的称忙月),忙不过来,他便对父亲说,可以叫他的儿子闰土来管祭器的。"

明确:社会环境描写。作用:"家景也好"和"大祭祀的值年"排场,反映出20多年前"我"家境的红火。这与现在的卖屋迁居形成对比,反映出中产阶级经济状况的衰败。从对"忙月"的介绍可见那时闰土家的经济状况虽不算好,但也还过得去。

(4)"多子,饥荒,苛税,兵,匪,官,绅,都苦得他像一个木偶人了。"

明确:社会环境描写。作用:反映了当时社会环境的黑暗。

(5)"这时候,我的脑里忽然闪出一幅神异的图画来:深蓝的天空中挂着一轮金黄的圆月,下面是海边的沙地,都种着一望无际的碧绿的西瓜,其间有一个十一二岁的少年,项带银圈,手捏一柄钢叉,向一匹猹尽力的刺去,那猹却将身一扭,反从他的胯下逃走了。"

明确:自然环境描写。作用:深蓝的天空、金黄的圆月、海边的沙地、一望无际的碧绿的西瓜,这些美好的景物构成了色彩明快、艳丽的背景,其间还有一个"项带银圈,手捏一柄钢叉"英姿勃勃的少年英雄。这与第一部分中描绘的阴晦的天气、呜呜的冷风、"苍黄"的天色、萧索的荒村形成了鲜明的对比。

(6)"时候既然是深冬;渐近故乡时,天气又阴晦了,冷风吹进船舱中,呜呜的响,从篷隙向外一望,苍黄的天底下,远近横着几个萧索的荒村,没有一些活气。我的心禁不住悲凉起来了。阿!这不是我二十年来时时记得的故乡?"

明确:自然环境描写。作用:这里通过时令、天气、风声、天色,勾画出萧瑟、昏暗的背景。阴晦的天气、呜呜的冷风、"苍黄"的天色,"远近横着几个萧索的荒村","没有一些活气"可见其荒凉、死气沉沉。这幅图画正是在帝国主义和封建主义的残酷蹂躏下日益破败的旧中国农村的缩影。这样的画面给"冒了严寒"急于回乡的"我"以内心的重创,"禁不住"则暗含了从美丽的回忆跌落到现实的变化过程。"悲凉"写出作者见到故乡时的心境。

5.教师总结:小说的情节发展与环境描写往往是相互依存、相互制约的;环境描写以情节为依据,而情节发展又离不开环境描写。在考试中,我们经常会遇到关于环境描写作用的题型,通过以上几道典型题型的分析,大家能不能归纳出

环境描写作用的一些答题术语呢?(1分钟)

6.请大家完成下列表格,填写答题术语。(6分钟)

注:本环节利用抽签 App 软件,从全班同学中随机抽出几名同学来总结归纳社会环境和自然环境的作用,总结如下表。

社会环境描写的作用:	自然环境描写的作用:
①交代故事发生的时代背景; ②交代人物活动及其成长的时代背景; ③揭示各种复杂的社会关系; ④交代人物身份; ⑤突出人物性格; ⑥揭示社会本质特征; ⑦揭示主题等。	①表现地域风光; ②提示时间、季节和环境作用; ③渲染气氛; ④为后面做铺垫、埋下伏笔、引出下文; ⑤烘托人物的心情、心理; ⑥表现或突出人物的性格、精神、品质或某种情感; ⑦展开或推动故事情节的发展; ⑧象征、暗示或深化主题; ⑨与上文或下文形成对比、衬托或呼应; ⑩奠定文章的感情基调等。

7.实战演习。(略)

8.归纳答题步骤。(5分钟)

注:请同学观看"天津市基础教育资源公共服务平台"的《初中语文小说阅读专项指导》的课堂教学视频(1小时0分~1小时3分)。

师生共同总结答题的基本步骤:

(1)先写该语句所写的环境本身是什么内容+环境描写的答题术语。(一般看分值来定,几分要至少写出几点。)

(2)再具体描写了……景色;交代……内容(背景、时令、地点)等;营造气氛或氛围;渲染(定下)……感情基调;烘托人物……心情、性格、精神或品质;推动……故事情节的发展,为下文的……内容做铺垫或埋下……伏笔;揭示(寄托、暗示)……主题;与上文或下文的……内容形成对比、衬托、呼应等。

注:学生在学习中遇到的共性问题或重难点问题,通过腾讯会议直播、名师视频指导、共享屏幕讲解、微信群交流、学生榜样引领等形式的交流互动,学生的学习兴趣更浓了,课堂效率更高了。

9.作业布置。(2分钟)

(1)观看"天津市基础教育资源公共服务平台"的《初中语文小说阅读专项指导》的课堂教学视频(57分~1小时03分)的内容,巩固加深理解,整理笔记。

(2)完成《汇编》2021年南开区第一次模拟考试现代文阅读题《田垄深处》。此次作业的目的是对本节课的重点内容(环境描写的作用)进行巩固练习。

注:学生完成作业后,拍照上传到微信群的作业接龙,学生如果在作业时出现问题可以在微信群里讨论解决。这样便于教师更好地了解学情,调动学生比、学、赶、超的学习积极性。

总之,线上教学我们还处在不断探索阶段,还有许多亟待完善的地方,但我坚信网上的交流学习,只要采用恰当、高效的学习方式,给予学生更多自主学习的空间,也能在教学的天空中描绘一朵美丽的云彩!

第三节　《孤独之旅》课堂实录

师:上课,同学们好。

生:老师好。

师:(导入新课,出示多媒体PPT)小小少年总要长高,烦恼和孤独总会伴随我们成长,那么孤独是什么?伴随着姜育恒的《孤独之旅》,今天就让我们一起来学习曹文轩的同名小说《孤独之旅》,让我们一起感受孤独的滋味!

师:同学们,让我们先一起看本课的学习目标(出示PPT,展示教学目标)。同学们,让我们齐声朗读本文的教学目标。

全体学生齐读:知识目标,积累并理解词语,理解小说内容;能力目标,理清故事情节,体会小说中环境描写的作用;情感态度与价值观目标,感悟人物的成长历程,丰富情感体验,树立坚定信念,培养战胜困难的勇气。

师:刚才我们对这节课的学习目标有了清楚的了解。下面咱们来看这篇文章作者的情况,请一位同学给大家朗读曹文轩的相关介绍。

生:曹文轩,1954 年生,江苏盐城人,当代作家、儿童文学家。著有长篇小说《山羊不吃天堂草》《草房子》《红瓦》等,学术性著作《中国八十年代文学现象研究》等。其中,小说《草房子》获第四届国家图书奖、宋庆龄文学奖金奖。

师:同学朗读得口齿清晰,准确无误,这说明平时有良好的朗读基础,很棒!我们对作家的相关情况有了充分的了解。昨天,老师给大家布置了一项导学案的预习作业,下面我们检查同学的预习情况,请大家做好准备,抢答下列加点字的注音,听到"叮"的声音才可以抢答哦。

生:(学生跃跃欲试,做好抢答的准备。)

师:环视同学(PPT 出示第一个词"嬉闹"),请同学听到"叮"的声音后抢答。

生:(7~8 名同学跃跃欲试。)

生 1:高高举手。

生 2:举手更高。

生 3:竟然站起来想回答。

生 4:犯规了。

生:哄堂大笑。

师:做什么事情都要遵守规则哦!大家重新做好准备抢答第一个词(出示多媒体 PPT)。

生:(8~9 名学生抢答)其中一名同学朗读:xī nào。

师:好,李昂同学读得非常准确哦!

生:微笑。

师:第二个词(PPT 出示第二个词"凹地"),请同学抢答。

生:(8~9 名学生抢答)其中一名同学朗读:āo dì。

师:他读得对不对呢?

生:齐声回答"对"。

师:让我们看第三个词,PPT 展示第三个词"稠密",请同学做好准备哦!

生:(摩拳擦掌,做好准备。"叮"的声音响起,十多名同学抢答)其中一名同学朗读:chóu mì。

师：（微笑）同学们抢答的热情高涨，但也不要犯规哦（PPT 出示第四个词"撩逗"），请同学做好准备哦！

生：（"叮"的声音响起，十多名同学抢答）其中一名同学朗读：liáo dòu。

师：非常棒！李恩泽又是第一名抢到的，没抢到的同学继续努力（PPT 出示第五个词"掺杂"），让我们看第五个词。

生：（个别同学已经做好准备，一副势在必得的架势。由于抢答氛围热烈，又一名同学主动站起来了，同学们又哈哈大笑。笑声平息后，"叮"的声音再次响起，十多名同学抢答）其中一名同学朗读：chān zá。

师：同学们抢答非常踊跃，说明课下预习很充分，让我们看第六个词"旧茬"。请大家做好准备。

生：（"叮"的声音响起，十多名同学抢答）其中一名同学朗读：jiù chá。

师：同学们的表现都很踊跃，但由于题数有限，很多同学没有展示，我们下面还有机会哦！

生：（个别同学露出遗憾的表情后又投入饱满的状态）

师：这篇文章中有很多词语需要进一步理解，我们继续检查大家对本文词语的预习情况。这次我们使用随机抽取的方式检查，大家都要做好准备，你很可能被抽中！下面我们先来请一名同学随机依次选出四名同学，解释下列词语的意思。

生：（待随机选人的学生人名滚动后，随机选出四名同学。被抽中的同学露出得意的表情，其他同学略有遗憾）

师：好，我们一起看第一个词，请被抽中的第一名同学解释一下吧！

生 1："一落千丈"，形容声誉、地位或经济状况急剧下降。

师：同学们看他解释得怎么样？

生：完全正确。

师：好的，我们再看第二个词"撩逗"，请第二名被抽中的同学解释一下吧！

生 2："撩逗"是挑逗、招惹的意思。

师：好，请同学点评一下李俏俏同学解释的是否准确呀？

生：言简意赅，非常准确。（该同学语调郑重又不乏幽默，其他同学哄笑起来。）

师：子翔同学很有点评家的范儿，下面我们一起看下一个词语。

生 3:"歇斯底里",形容情绪异常激动,举止失常。文章中的意思是指暴风雨的猛烈,超乎寻常。

师:还有谁想给点评一下。

生:(七八名同学举手示意)

师:咱们请乃瑞同学给点评一下吧!

生:解释得非常准确,而且还把文中的意思也解释了,便于我们更好地理解。

师:乃瑞点评得很中肯,切中要点,棒!下面我们来看第四个词"置之不理"。

生 4:"置之不理"的意思是搁在一边不予理睬、过问。

师:"搁在一边不予理睬、过问"是否正确呢?

生:正确(全体同学齐声回答)。

师:同学们,你们在预习导学案时是否遇到了困难呢?

生:有。

师:哦,你们是怎么解决的?

生:(各抒己见)查阅相关资料,请教同学,上网……

师:同学们在解决问题时各显神通,这篇文章的主人公在生活中是不是也遇到困难了呢?他又是怎么解决的?让我们自由朗读课文,梳理文章的意思。同学们可以结合小说的三要素理清小说的故事情节。

生:(放出声音,自由朗读课文内容)

师:(巡视课堂,遇到问题随时处理)

生:(朗读声音渐渐停息)

师:同学们,刚才快速地朗读了课文的内容,再梳理梗概之前,先请同学回答小说的三要素是什么呀?

生:(齐答)人物、情节、环境。

师:嗯,非常好,这篇小说中涉及的主要人物是谁呢?

生:(齐答)杜雍和和杜小康。

师:同学们的阅读效率很高,值得给大家点赞。这篇小说的故事情节是怎样的,你能不能用一两句话概括出来呢?给你 2~3 分钟的时间归纳梳理一下。

生:(快速浏览文章,归纳总结)

师：把你概括的内容和我们分享一下吧！哪位同学能试着说说呢？

生1：杜小康被迫退学后和父亲一起去放鸭子，在这个过程中他逐渐变得坚强了。

师：刚刚，若芯概括的内容，我觉得还可以再把中间的部分突出一下，杜小康是因为什么变得坚强的，这个内容可以适当充实到概括的内容中，就完美了。咱们再请一名同学说说吧！

生2：杜小康被迫退学后，跟随父亲去异地放鸭，在这个过程中经历暴风雨，杜小康找回走散的鸭子，他长大了，变得坚强了。

师：刚刚超贤丰富了杜小康成长的经历，很棒！咱们再找一名同学试着说一下。

生3：杜小康因家道中落，背井离乡，跟随父亲去放鸭，历经暴风雨，寻找鸭子，他突然长大了，坚强了。

师：好，通过几位同学的概括，我们对文章的内容了解得更透彻了，这样一个小男孩跟随父亲去放鸭，是在什么样的环境中经受了磨难呢？哪位同学概括一下呢？

生1：是在孤独偏僻的芦苇荡中。

师：谁还想说说？

生2：背井离乡，到了了无人烟的芦苇荡中。

师：是呀，他们远离家乡，到了偏僻、荒无人烟的芦苇荡中。杜小康在这次不同寻常的旅行之中，经历了许多，也收获了许多。他的心路历程是怎样的？让我们朗读课文，感知他由不成熟到成熟的心路历程吧！

生：（朗读并梳理内容）

师：大家可以结合导学案中的表格进行梳理，从文章中找到杜小康心理活动的语句，用心去体会他由不成熟到成熟的心路之旅。

生：（结合导学案的表格，再次朗读课文填写相关的内容）

师：（巡视各小组学生填写表格的情况，大约5分钟之后）同学们，请停一停，填写表格，梳理杜小康的心路历程。

生1：离开油麻地，出发时（2～7段），我找的是："他也会像他的儿子一样突然地对前方感到茫然和恐惧，从而也会打消离开油麻地的主意。"

师：好，同学们说张扬找的怎么样呀？

生：很准确。

师：张扬，你能不能从句子中找出最能概括杜小康心理的词语呢？

生：（略微沉思片刻）我觉得是"茫然和恐惧"。

师：非常棒！谁来接着说到达目的地——芦苇荡（20～23段）杜小康的心理又发生了怎样的变化呢？

生2：到达目的地——芦苇荡（20～23段）描写杜小康心理的语句有："看到芦苇如绿色的浪潮直涌到天边时，他害怕了——这是他出门以来第一回真正感到害怕……他望着父亲，眼中露出了一个孩子的胆怯。"

师：静怡找的也很准确，你能不能也用文中的几个词来简要概括杜小康的心理呢？

生：我觉得是"胆怯和害怕"。

师：同学们同意她的观点吗？

生：（微笑，齐声回答）同意。

师：让我们接着看下个情节，父子俩在芦苇荡安静下来（28～29段），这个情节中描写杜小康心理的句子是什么呢？

生：（7～8名学生高高地举起手）

师：（微笑）好，同学们表现都很踊跃，咱们找一个举手最高的同学回答。

生3："日子一天一天地过去了，父子俩也一天一天地感觉到，他们最大的敌人，也正在一步一步地向他们逼近：它就是孤独。"

师：好，也很准确，你能不能也用一个词概括杜小康的心理变化呢？

生："孤独"。

师：很棒，一语中的！让我们看下个情节。父子俩在芦苇荡时间一久（33～35段），谁来说说这部分情节中杜小康的心理感受呢？

生4："时间一久，再面对天空的一片浮云，再面对这浩浩荡荡的芦苇，再面对这一缕炊烟，就不会再忽然地恐慌起来。"

师：同学们看思源回答得怎样呀？

生：（齐声回答）找的很准确。

师：思源能不能用文中的一个短语概括杜小康的心理变化呢？

生：我觉得是"不会再忽然地恐慌"。

师：非常好。父子俩在经历暴风雨后（46～48段）又有怎样的心理呢？

生：（十多名同学高高地举起手）

师：（微笑）同学们的积极性高涨啊！经历暴风雨后（46～48段），杜小康的心理又有怎样的变化呢？

生5："但他没有哭。他觉得自己突然地长大了，坚强了。"

师：梓涵找的很准确，这段内容可不可以用一些词来概括杜小康的心理感受呢？

生5：（稍加思索后说）"长大和坚强。"

师：完全正确！不经历风雨，怎么见彩虹！正是因为杜小康经历了如此的磨难和挫折，他才长大了，坚强了。这篇文章除了"心理描写"是一大特色之外，"环境描写"是又一亮点。让我们用勾画批注的方法找出文章描写环境的语句和段落，分小组讨论，这些景物的描写在文中有什么作用？给大家一些提示，主要围绕鸭群、苇荡、暴风雨这三个内容去找。

生：（分组研读，讨论声音热烈）

师：（板书以下内容）

孤独之旅　曹文轩

环境描写 ⎰ 鸭群
　　　　⎱ 苇荡
　　　　　 暴风雨

生：（讨论后在导学案上归纳总结）

师：（巡视各组完成的情况，并给予适当的点拨指导，6分钟之后）咱们每组派一名代表，来回答你们组找到的环境描写的句子或段落。哪一组先来呢？

生：（各组代表纷纷举手）

师：鑫铭，你们组选的哪些内容呢？

生：我们组选的第15段，"鸭们十分乖巧。也正是在夜幕下的大水上，它们才忽然觉得自己已成了无家的漂游者了。它们将主人的船团团围住，唯恐自己与这条唯一能使它们感到还有依托的小船分开。它们把嘴插在翅膀里，一副睡觉绝不让主人操心的样子。有时，它们会将头从翅膀里拔出，看一眼船上的主人。知道一老一小都还在船上,才又将头重新放回翅膀里。"这段是关于鸭群的环境描写。

师:这段关于鸭群的描写在文中起到了什么样的作用呢?

生:烘托了小说主人公茫然、恐惧的心情。

师:好。这也是咱们小组智慧的结晶呀!哪组同学还想展示自己的成果呢?

生:(5~6组同学代表举手)

生1:(李悦代表其他同学说)"这才是真正的芦荡,是杜小康从未见过的芦荡。到达这里时,已是傍晚。当杜小康一眼望去,看到芦苇如绿色的浪潮直涌到天边时,他害怕了——这是他出门以来第一回真正感到害怕。芦荡如万重大山围住了小船。"这是关于芦苇荡的环境描写。

师:谁能说说这段关于芦苇荡的环境描写在文中起到了什么样的作用呢?

生2:这处芦苇荡的描写,渲染了一种孤独的气氛,也为后文相关情节的出现做了铺垫。

师:同学们,同意他们组的见解吗?

生:(齐声回答)同意。

师:哪组还想分享一下呢?好,邢越(该同学手举得高高的),你代表你们组说一下吧!

生3:我们选的是第36段,"那天,是他们离家以来遇到的最恶劣的一个天气。一大早,天就阴沉下来。天黑,河水也黑,芦苇荡成了一片黑海。杜小康甚至觉得风也是黑的。临近中午时,雷声已如万辆战车从天边滚过来,不一会儿,暴风雨就歇斯底里地开始了,顿时,天昏地暗,仿佛世界已到了末日。四下里,一片呼呼的风声和千万枝芦苇被风折断的咔嚓声。"这是一处关于暴风雨的环境描写。

师:这处关于暴风雨的环境描写找的也很典型,它在文中又有什么作用呢?

生4:(若曦抢答),这段烘托出人物紧张害怕的心情。

师:若曦的反应很快哦,也很有见解,谁再给补充一下呀?

生:(2~3名学生举手示意)

生5:也为后面情节的发展做了铺垫。

生6:这段环境描写也起到推动故事情节的作用,正是因为有了这样恶劣的天气,才会有后文鸭子的四散逃离和主人公艰辛找鸭子的经历。

师:同学们说他俩说得怎么样?

生:非常棒!

师:还有没有想展示的?(浩哲用手指向自己)浩哲你来说一下吧!

生7:我选的是第51段,"鸭们也长大了,长成了真正的鸭。它们的羽毛开始变得鲜亮,并且变得稠密,一滴水也不能泼进了。公鸭们变得更加漂亮,深浅不一样的蓝羽、紫羽,在阳光下犹如软缎一样闪闪发光。"这是一处关于鸭群的环境描写。

师:浩哲,作者在这里再次写鸭群的环境描写又有什么作用呢?

生7:(浩哲)老师,让我再想一想。

生8:(瑞涵抢答)这段环境描写我觉得是象征和暗示的作用。因为鸭子们羽翼丰满了,这说明它们长大了,就是象征或暗示杜小康长大了,坚强了。

师:同学们,在这里我们是不是应该给瑞涵掌声呢?

生:(热烈鼓掌)

师:还有没有想补充的同学呢?(梓晗高高地举起手)梓晗你来吧!

生9:我觉得结尾的这处关于鸭群的环境描写还起到了深化文章主旨的作用,鸭子经历磨难长大,杜小康也是经历磨难长大了,坚强了。

师:此处也该有掌声!

生:(热烈鼓掌)

师:由于时间关系,咱们把其他关于环境描写的内容留着课下继续交流。如果你遇到类似的环境描写的句子时,要写出它在文中的作用,大家可不可以概括出一些专有的名词作为积累呀!

生:可以。

师:咱们请同学把关于环境描写作用的专有名词概括一下吧!

生:(6~7名同学举手示意)

生1:我觉得环境描写的作用有:渲染某种气氛,烘托人物某种心情,推动故事情节发展,深化作品主题。

师:好的,谁还想补充一下呢?

生2:除了正新刚刚说的,我觉得环境描写的作用还有:象征或暗示了什么内容,为下文做铺垫或者埋下伏笔。

师:(点头示意)

生3:我觉得还有突出人物的性格、精神或品质的作用;有时还有交代故事发生的时间、地点、背景等的作用,例如《故乡》中关于回故乡时的环境描写。

师:刚刚几位同学回答得非常棒,尤其张浩还能联系到以前所学的内容,很有见地。同学们给三名同学掌声鼓励。

生:(热烈鼓掌)

师:恶劣的环境能塑造人坚强的性格,我们通过学习这篇文章,感受到了杜小康成长的历程,他长大了,坚强了。你觉得杜小康是一个怎样的孩子,用一两句话把你心目中的杜小康描述一下吧!

生1:杜小康是一个有责任心、勇敢懂事、能为他人着想的孩子。

生2:杜小康还是一个敢于面对困难、勇于承受孤独、懂事坚强的孩子。

生3:杜小康还是一个坚强乐观,遇到困难不退缩、勇往直前、能为家人分忧的孩子。

生4:杜小康还是一个念念不忘求学,很上进执着、不怕困难、能理解父母、敢于挑战自己的孩子。

师:几位同学的回答都有自己独特的感受,非常好。你们的年龄段正与杜小康相仿,学了他的经历,对你有没有什么启示?

生1:这篇文章给我的启示是,在生活中遇到困难时也要像杜小康一样勇敢面对,还有要对含辛茹苦的父母多一些理解。

生2:人要勇于在孤独中磨炼自己,才能练就坚强的性格。

生3:在人的成长过程中,难免会有很多孤独和困难,我们需要在孤寂困难中磨炼,这样才能长大成人,这样我们才更自信,更坚强。

生4:孤独是成熟的催化剂,苦难是成长的助推器。人必须经历艰难困苦的磨炼,忍受孤寂的锤炼才能不断地成长。

师:同学们都有很深刻的感悟和体验。你们想长大吗?

生:想,不想(两个观点)。

师:有的同学想长大,也有同学说不想。不管你想长大,还是不想长大,岁月和命运都会推动你们向前。我相信同学们在生活中面对困难和挫折的时候,会像杜小康一样坚强地迎接考验。你们也会收获成长。我们在这里应该为杜小康鼓掌,也为我们自己的坚强、长大和勇敢而鼓掌。最后,我们掌声鼓励自己吧!

生:(热烈为自己鼓掌)

师:下面我们布置今天的作业,请同学朗读PPT。

生:拓展延伸及布置作业,"生活的磨砺,暴风雨的洗礼,让杜小康长成小小的男子汉。在我们的成长过程中,我们会遇到欢乐,也会遇到痛苦;会遇到成功,也会遇到失败;会有……在你的生活道路上,又有着一些怎样的人和事影响着你的成长,给予你有益的启示?"请写一段文字,200字左右,要求有真情实感。

师:好,同学们,这个写作内容我们下节课交流分享,下节课再见!

生:老师再见!

第四节 《陋室铭》课堂实录

师:上课,同学们好!

生:起立,老师好!

师:同学们,在讲授新课前我想问大家一个问题:在生活中,有没有一句话始终激励着你呢? 如果有,你能不能和大家分享一下呢? 想分享的同学请举手示意。

生:(同学们略有沉思纷纷举起手来)

师:好,想分享的同学很多,我们先听听金旭的分享吧!

生1:"天行健,君子以自强不息。"这句话始终激励我前行,尤其是在我遇到困难的时候,这句话激励我不轻易放弃。

师:哦,这句名言始终激励着金旭不断前进,很棒! 谁再分享一下? 好,新远,你来说一下!

生2:"三人行必有我师焉!"这句话始终激励着我。

师:在新远的人生经历中始终秉持着一种谦虚的态度,很好! 还有谁想分享一下呢? 好,浩明你来说一下吧!

生3:我想说的是:"春蚕到死丝方尽,人至期颐亦不休。一息尚存须努力,留作青年好范畴。"这句话始终激励着我。

师:哦,你能不能说说为什么始终坚信这句话呢?

生3:因为当我遇到困难时,我始终坚持努力,勇于克服困难,最终都收到了很好的结果。

师:好,很励志的一句话,希望你受用终身。谁再来说说呢?好,梓旭你来说一下!

生4:"时间就像海绵里的水,只要愿挤,总还是有的。"鲁迅先生的这句话始终激励着我要珍惜时间。

师:好,希望梓旭始终做一个守时的人。刚刚好多同学分享了激励自己的名言警句。老师也有一句人生的格言,那就是:"勤能补拙,不轻言放弃!"在我的工作和生活中也总会遇到这样或那样的困难,但这句话始终激励着我一路前行,作为我人生的"座右铭"。同学们对于"座右铭"可能并不陌生,它就是写在课桌右侧,用来激励自己或者警示自己的句子。还有一些文字是刻在墓碑上,给那些故去的人歌颂功德的文字,又称之为"墓志铭"。"铭"在古代经常出现,咱们请同学来读一下吧!(出示多媒体PPT,伴随《童话》古筝曲播放)

生:"铭"是一种刻在器物上用来警诫自己、称述功德的文字。后来成为一种文体,这种文体一般都是用韵的。

师:好,今天就让我们一起来学习一篇铭文——《陋室铭》。(PPT出示课题,《一帘幽梦》古筝曲徐徐响起)请同学打开书,让我们先初步感知这篇铭文。在朗读过程中注意个别字的读音和句子的韵脚。

生:(自由诵读《陋室铭》)

师:(教师巡视课堂,解决学生朗读中出现的问题)

生:(朗读声音渐渐停息)

师:刚才,部分同学在朗读过程中遇到的问题得以解决,可能还有部分同学仍存在问题,让我们一起看一段《陋室铭》的朗读视频,来帮助大家解决字音的问题。

生:聆听并观看《陋室铭》朗读视频。

师:我们一起欣赏了这篇《陋室铭》的朗读视频,它给我们音韵和谐、朗朗上口的感觉,你能不能试着朗读一下呢?

生:(同学们纷纷举手示意,其中李钊手举得高高的)

师：因为这篇文章是一篇铭文，我们在诵读过程中要注意文章的韵脚，一定要读出韵律。李钊，你给大家展示一下吧！

生：山不在高，有仙则名。水不在深，有龙则灵。斯是陋室，惟吾德馨。苔痕上阶绿，草色入帘青。谈笑有鸿儒，往来无白丁。可以调素琴，阅金经。无丝竹之乱耳，无案牍之劳形。南阳诸葛庐，西蜀子云亭。孔子云：何陋有之？

师：李钊同学读得声情并茂的，很棒，但出现了一处小小的错误，有没有发现的同学呢？

生：最后一句是"何陋之有？"他读的是"何陋有之？"

师：好，浩东听得很仔细。谁再来读一下？雨欣你来试着读一读吧！

生：山不在高，有仙则名。水不在深，有龙则灵。斯是陋室，惟吾德馨。苔痕上阶绿，草色入帘青。谈笑有鸿儒，往来无白丁。可以调素琴，阅金经。无丝竹之乱耳，无案牍之劳形。南阳诸葛庐，西蜀子云亭。孔子云：何陋之有？

师：嗯，雨欣的这次朗读注意了音韵的和谐美，字音读得也很准确，很棒！我们给两位同学的精彩表现掌声鼓励吧！下面大家尝试齐读这篇文章，感受它的韵律美！

生：（齐读课文《陋室铭》）

师：同学们，齐读了课文的内容，进一步感受了文章的韵律美，让我们进入下一个环节——译读课文。咱们以小组为单位，译读课文，大家可以结合课下注释完成，有问题的同学可以组内解决，解决不了的我们稍后共同解决，开始吧！

生：（按照事先分好的小组，翻译文章内容）

师：（巡视各组完成翻译的情况，对于出现的问题适当点拨）

生：（结合课下注释及小组讨论，认真地翻译7～8分钟，声音渐渐停息）

师：好，大家停一停，在你们翻译的过程中有没有发现什么问题呢？

生：（小声商量）

师：如果组内不能解决的，我们其他组的成员能不能帮助解决呢？有问题待解决的请举手示意。

生：（4～5个小组代表举手示意）

师：好，咱们先请欣茹说说你们在翻译时遇到了什么困难？

生1:我们组在翻译时遇到的问题是"何陋之有"这句话中"之"字如何解释？

师:好的,哪位同学能帮助他们解决这个问题呢？

生:(4～5名学生举手示意)

师:好,婉瑜,你给解决一下。咱们看她说的是否正确。

生2:"何陋之有"这一句"之"是宾语前置的标志,没有实际的意义。

师:非常好,这个句子是一个典型的宾语前置的句式。"有"是谓语,"何陋"是宾语;放置在谓语"有"的前面,"之"在这里就是一个标志,无实际的意义。欣茹明白了吗？

生1:明白了。

师:其他同学也记好笔记。还有哪组同学遇到问题了？请举手示意。好,子安,你来说一下。

生3:我们组出现的问题是"无丝竹之乱耳"一句中的"乱"字的用法？

师:嗯,这也是一个比较典型的问题,谁来帮助他们组解决这个困难呢？

生:(3～4名同学举手示意)

师:瑞东手举得这么高,你来说说吧！

生4:这个"乱"字是使动用法,解释为:使……扰乱。

师:同学们同意他的见解吗？

生:同意。

师:"无丝竹之乱耳"这一句可以翻译为:没有奏乐的声音使他的耳朵扰乱。我们接着来,还有哪组有问题呢？

生:(2～3名同学举手示意)

师:心怡你来说说,你们遇到什么问题了？

生5:我们遇到的是"苔痕上阶绿"的"上"字怎样解释更好？

师:好,这也是一个很有创意的问题,谁来帮他解决一下呢？

生:(6～7名学生举手示意)

师:彦硕你来帮助他们组解决这个问题吧！

生6:我觉得这个"上"字翻译成"长到"比较好。

师:嗯,那你能说说为什么吗？

生 6:这个"上"字本意是名词,在这里作动词,翻译成"长到"更好些。

师:心怡,你觉得这个答案怎么样?

生 5:很好。

师:还有问题需要解答吗?(环视四周)

生:(摇头,表示没有了)

师:我们一起解决了这几个问题,扫清了翻译前的障碍,下面咱们请每组的代表试着翻译课文的内容吧!谁来翻译 1~2 句,准备好的同学请举手示意!

生:(纷纷举手示意)

师:金铭,你来。

生 1:山不在于高和低,有了仙人就成了名山。水不在于深浅,有了龙就显得有了灵气。

师:好,翻译得很准确。3~4 句谁来试着翻译一下!若曦,你来翻译一下吧!

生 2:这是简陋的房子,只是我(住屋的人)品德好(就不感到简陋了)。苔痕长到台阶上,使台阶都绿了;草色映入竹帘,使室内染上了青色。

师:"斯"这个字翻译得特别好,是"这"的意思;也注意了刚刚我们探讨的"上"的意思是"长到"。很棒哦!再请同学翻译 5~6 句。凌乔,你来试着说一下!

生 3:到这里谈笑的都是知识渊博的大儒,交往的没有没有功名的人。平时可以弹奏不加装饰的古琴,阅读佛经。

师:嗯,我觉得凌乔的"素琴"翻译得特别好,意思是"不加装饰的琴"。谁再来翻译 7~8 句呢?子群,你来试一下。

生 4:没有世俗的乐曲扰乱心境,没有官府的公文劳神伤身。南阳有诸葛亮的草庐,西蜀有扬子云的亭子。

师:好,谁来点评一下,子群翻译得怎么样呢?洪辰你来!

生 5:子群翻译得很好,但也要注意两个使动用法"乱"和"劳"的翻译是"使……扰乱""使……劳累"。

师:(微笑)点评得不错,你们同意他的观点吗?

生:同意。

师:最后一句谁来翻译呢?让我们一起说吧!

生:孔子说:"有什么简陋的呢?"

师:大家在翻译时也都注意了倒装句的用法,很好!我们刚才翻译了课文的内容,我想检查一下同学重点词语翻译掌握的情况,让我来考考你。我们采用"抽签"的方法随机抽出几名同学进行检查,大家做好准备!先请一名同学喊"停"!

生:我来!(庆斌主动站起来了)

师:好,请庆斌来喊"停"。

生:(抽签 App 显示全班人名,并快速滚动,随机抽取了郑家辉、李宏毅、金铭、郑姝蕊、吴静怡)

师:请这抽中的五名同学分别解释下列加点字的意思,由郑家辉开始。

生 1:"有仙则名"的"名"是的意思是,出名、有名。

生 2:"德馨"的"馨"本意是能散布很远的香气,这里指德行美好。

生 3:"白丁"的意思是平民,这里指没有功名的人。

生 4:"无丝竹之乱耳"的"乱"是使动用法,使……扰乱。

生 5:"何陋之有"的意思是,有什么简陋的呢?

师:通过检查,我发现大家对重点字词意思的掌握比较扎实。我们经过几个环节的翻译,你感受到刘禹锡的陋室"简陋"吗?

生:(齐答)"不简陋"。

师:你是从哪些句子中看出来的呢?能不能从文中找出这个句子呢?谁来试着说说呢?

生:"斯是陋室,惟吾德馨"这一句可以看出刘禹锡的居室并不简陋。

师:你为什么找这一句呢?

生:这一句的意思是"这是简陋的屋子,因为我的品德好就不显得简陋了",足以表明作者认为屋子并不简陋呀!

师:天博,分析得很到位。作者开头就提到了自己"德馨"吗?

生:(齐答)不是。

师:那他是如何提出的?谁来说一下呢?吴昕语你说说看!

生:作者是用"山不在高,有仙则名。水不在深,有龙则灵"这两句引出的"德馨"的。

师:好,"山不在高,有仙则名。水不在深,有龙则灵"用在文章的开头,它的作用是什么呢?大家小组讨论一下吧!

生:(小组讨论2~3分钟)

师:哪位同学把你们讨论的结果和我们分享一下呢?

生1:我觉得这句在文章中的作用是为了引出下文对"陋室"的描写。

生2:我觉得这句话为写"陋室"不"陋"做了铺垫。

生3:我们讨论的结果是作者由"山""水"引出"陋室",由"仙""龙"引出"德馨",以有"仙"之山、有"龙"之水引出对"陋室不陋"的吟诵。

师:同学们的看法都很有见地。作者由"山""水"引出"陋室",以"仙""龙"引出"德馨",以"有仙之山""有龙之水"比喻"陋室不陋"。作者居住在如此简陋的屋子里,为什么他说"陋室不陋"呢?我们就要结合这篇文章的时代背景了解写作的缘由了。我们请一名同学朗读时代背景!

生1:刘禹锡字梦得,唐代文学家,因革新得罪了当朝权贵,被贬为和州通判,按当时规定,他应该住三间三厢的房子,但和州的策知县是个趋炎附势的小人,他见刘禹锡被贬而来,便多方刁难他,策知县先叫他在城南面江而居。刘禹锡不但不埋怨,反而高兴地写了一副对联贴于门上:"面对大江观白帆,身在和州争思辩",他的这一举动气坏了策知县,策知县又将他的房子由城南门调至城北门,住房由三间缩小到一间半,而这一间半位于河边,附近垂柳依依,环境也还可心,刘禹锡仍不计较,又在门上写了两句话:"杨柳青青江水平,人在历阳心在京"。策知县气得脸都发青了,干脆将刘禹锡的房子调到城中一间只能容一床一桌一椅的小屋。刘禹锡写《陋室铭》本就是与恶势力不屈的抗争,为官不计较居室的大小,"陋室不陋"恰是他为官清廉的真实写照!

生2:同时,唐王朝正一天天衰落下去,文人官吏们有两个出路:一是与恶势力同流合污,整日寻欢作乐;二是退一步穷则独善其身,保持自己的浩然正气和独立人格。刘禹锡选择了后者。他虽感忧虑,但也无力回天,便独善其身,避而不与那些庸俗的官僚来往。由此可见,《陋室铭》并非是自命清高、孤芳自赏之作,而是愤世嫉俗之作,也是他安贫乐道、洁身自好品德的具体体现。

师:大家想一想,刘禹锡在这样的处境中写了这篇文章,他虽身居陋室,却独善其身,足见他品德的高尚,正好印证文中的哪两个字呢?

生:(齐答)"德馨"。

师:我们再看文章的内容,文中哪些语句能够充分表现作者的"德馨"呢?请大家找一找。我们仍然用抢答的方式回答。第一个问题,请大家找到居室环境的句子?做好准备,一定要听到"叮"的声音再抢答哦!(随后发出口令"叮")

生:(众多学生抢答)

生1:描写居室环境的句子是"苔痕上阶绿,草色入帘青"。

师:苔痕碧绿长到阶上,草色青葱映入帘里。对于刘禹锡的居室环境大家能不能用一个词概括一下呢?哪位同学说一下你的见解。

生2:幽静。

生3:清幽。

生4:幽雅。

师:三名同学的概括都很准确,但只能选一个,你们觉得哪个更好些呢?

生:多数同学说"幽雅"。

师:那我们就选"幽雅"概括,并板书"幽雅"。我们再看下面一个问题,请大家找出描写作者交往人物的句子。听到"叮"的声音请抢答。(随后便发出口令"叮")

生:(众多学生抢答)

生1:描写交往人物的句子是"谈笑有鸿儒,往来无白丁"。

师:哦,作者交往的都是博学的人,来往的也都是有学问的人。刘禹锡交往的朋友能不能用一个词概括一下呢?我们也用一个带"雅"的词概括吧!哪位同学说说你的见解。

生2:文雅。

生3:高雅。

生4:儒雅。

师:你们觉得哪个更好些呢?

生:多数生答"儒雅"。

师:那我们就选"儒雅",并板书"儒雅"。我们再看下面一个问题,请大家找出描写作者生活情趣的句子。听到"叮"的声音请抢答。(并发出口令"叮")

生:(众多学生抢答)

生1:描写作者生活情趣的句子是"可以调素琴,阅金经。无丝竹之乱耳,无案牍之劳形"。

师:好,你能翻译这个句子吗?

生1:可以弹弹不加装饰的琴,读读佛经。没有世俗的乐曲扰乱心境,没有官府的公文劳神伤身。

师:刘禹锡的生活情趣确实与众不同。我们能不能也用一个带有"雅"的词概括呢?哪位同学说说你的看法。

生2:素雅。

生3:文雅。

生4:高雅。

生5:娴雅。

师:好,我们还是找一个词来概括,用"高雅"你们同意吗?

生:齐答同意。

师:作者在这里对陋室之景、陋室之人、陋室之事进行了详细的描写,我们也用"优雅""儒雅""高雅"等词来形容了。在这之后,作者为什么还要写到诸葛亮、扬雄、孔子这三个人物呢?让我们结合这三个人物资料进一步分析。请同学朗读PPT的内容。

生1:诸葛亮,三国时蜀汉丞相,著名政治家、军事家。他曾居住南阳草庐之中,并亲身耕作,刘备三顾茅庐请他出山。

生2:扬雄,西汉时辞赋家、语言学家。他少时贫穷,住的茅草屋不蔽风雨。据说他在茅草屋中写成《太玄经》,故又称草玄堂。《陋室铭》中子云亭指的就是草玄堂。

生3:孔子,春秋时期伟大的思想家和教育家,被后世尊为"圣人"。孔子想要搬到九夷去居住。有人说,那里太简陋,怎么能住呢?孔子说:"君居之,何陋之有。"

师:子怡读得非常流利准确。文中列举的诸葛亮、扬雄、孔子的居室与作者刘禹锡的居室有没有相似之处呢?

生:齐答"有",都是"陋室"。

师:作者列举诸葛庐、子云亭、九夷陋室的用意是什么？请同学们讨论一下吧！

生:(热烈讨论3～4分钟,声音渐息)

师:好,大家停一下,咱们请同学谈谈见解。弘毅你来！

生1:这里写诸葛庐、子云亭、九夷陋室的用意是与自己相比,表明自己也像三位名士一样有高洁的志趣。

师:好,见解很独到,谁还想说一下呢？

生2:这里运用了类比的手法,突出作者的陋室与子云亭、诸葛庐一样简陋,说明唯有品德高尚的人"陋室"就不简陋了。

生3:作者借南阳的诸葛庐、西蜀的子云亭等作类比,引出自己的"陋室",即诸葛亮、扬雄等与自己同道,也表明作者以他们为楷模,希望自己也能如他们一样拥有高尚的德操,同时暗示了"陋室不陋"。

师:嗯,他们三人都身居陋室,都有高尚的品德,与作者志趣相投,也充分表现了作者的"德馨"。这篇文章借"陋室"言明自己的"德馨",这种"借助某种事物来抒发感情"的方式叫什么写作手法呢？

生:几个学生抢答"托物言志"。

师:对,是"托物言志"的写法,作者借"陋室"表达自己怎样的志趣呢？谁来谈一谈。

生1:作者要表达安于穷困的人生志趣。

生2:作者虽然身处陋室,却并不感到低微,这说明他具有不与世俗同流合污的高尚人格。

生3:表现作者不愿与世事同浮沉的心理,表达了作者洁身自好的高雅志趣。只要居室的主人拥有高尚的道德情操,就能获得充实富足的生活,这些都可以看出作者的雅趣逸志。

师:刚刚几位同学说得很棒！这篇文章作者借"陋室"表达了自己安贫乐道的志趣及高洁傲岸的情操。在作者眼里,精神的富足和高尚要远远高于物质上的享受。作者虽身处陋室,却不自感卑微,这亦说明了他具有不与世俗同流合污的独立人格。希望大家也以刘禹锡为榜样,做一个独善其身、坚守原则的人。

生:（点头微笑）

师:好,我们进行下一个练习——跟读训练,让我们跟读《陋室铭》,进一步体味作者高洁傲岸的情操和安贫乐道的人生志趣。(播放《陋室铭》朗读视频)

生:（跟读课文）

师:同学们朗读得声情并茂值得表扬。这是一篇铭文,音韵和谐,你能不能当堂背诵呢?让我们比一比看谁背得快!给大家5分钟时间,一会儿看谁背诵的效率更高,开始吧!

生:（放出声音背诵课文,声音渐息）

师:咱们请同学展示一下,请举手示意。

生1:背诵。

生2:背诵。

生3:背诵。

师:《陋室铭》是一篇优美的抒情短文,文章采用托物言志的写法,通过对陋室"陋室不陋"的描写,表达了作者高洁傲岸的节操和安贫乐道的情趣。这篇文章读来朗朗上口,咱们也可以进行仿写练习。今天的作业,请同学们一起看大屏幕,哪位同学来读一读呢!

生:《交友铭》,友不在多,知心就行。貌不在美,心仁则灵。斯是好友,唯吾真情。遭难舍身救,遇福共分享。彼此存信任,处事有默契。能够同生死,共患难。无争吵之乱耳,无猜嫉之劳形。战国廉蔺交,盛唐李孟情。好友云:"君交如水。"

师:好,咱们也模仿《陋室铭》写一篇铭文,题目自定,在写作时,注意文章的韵脚,下节课我们一起分享。今天的课就上到这里,同学们再见!

生:老师再见!

第五节　《生于忧患　死于安乐》课堂实录

师:上课,同学们好。

生:起立,老师好。

师:同学们,在讲新课前,我想给大家讲一个关于青蛙的故事。一只青蛙不小心掉进了盛有热水的锅里,它惊慌失措,最终拼尽全力,奋力一跳,逃离了险境。过了不久,这只青蛙又犯了同样的错误,它再次掉进了这口锅里,但不同的是这次的水温刚刚好,它感到非常舒服和惬意,自由自在地游着,过了十几分钟,这只青蛙被煮熟了。青蛙在热水中能够拼力挣扎,逃出险境;在温水中,却贪图安逸享乐,最终走向死亡,是什么原因呢?今天,我们一起来共同学习孟子的《生于忧患,死于安乐》,或许我们能从古人的典籍中找到答案。

生:(学生点头示意,流露出充满渴望的眼神)

师:昨天已经把导学案发给大家了,下面让我们一起来检查同学的预习情况。读准下列加点字的音。我们还是抢答的形式,听到"叮"的声音才可以抢答。(发出"叮"的口令)

生:(6～7位学生抢答)

师:(微笑)同学们都很迅速,但最快的还是李航,你来说一下吧!

生1:舜发于畎(quǎn)亩之中。

师:完全正确,其他同学还有机会。请看第二个。

生2:(突然站起来)

师:(微笑)超贤犯规了,"叮"的指令还没有响起哦!

生:(哄笑)

师:("叮"的声音再次响起)

生:(7～8名学生抢答)

师:(微笑)文辉,最快,你来读一下。

生2:胶鬲(gé)举于鱼盐之中。

师:好,非常准确。还有两次机会。("叮"的声音响起)

生:(8～9名学生抢答)

师:培陶速度超级快,你来说一下吧!

生3:曾(zēng)益其所不能。

师:非常好,还有最后一次机会,希望你能把握哦!("叮"的声音响起)

生:(十几名学生抢答)

师:这次董超贤速度最快,你来说一下。

生4:无法家拂(bì)士。

师:"无法家拂士"回答完全正确。以上抢答内容参与的同学很多,说明同学们预习得还是很充分的。让我们一起进入第二个环节:初读课文,整体感知。大家打开书,自由朗读课文,注意音节和朗读停顿。

生:(自由朗读课文)

师:(巡视学生朗读的情况,给予适当点拨)

生:(朗读声音渐息)

师:大家停一停,我为大家准备了课文朗读视频,咱们一起来欣赏。(播放朗读视频)

生:(观看并聆听)

师:看完《生于忧患,死于安乐》的朗读视频你有什么感受呢?

生:很美。(音韵很和谐)

师:我们也找几名同学试着朗读一下吧!谁给大家展示一下?

生1:(朗读)

生2:(朗读)

师:两位同学读得声情并茂,音韵和谐。让我们一起齐读课文,充分感受古文的音韵美!

生:(齐读)

师:刚才我们进行了各种形式的朗读练习,大家对课文的内容有了更进一步的理解,让我们进入下一个环节:合作探究,串译课文。同学们可以小组为单位翻译课文的内容,先是组内翻译,组内不能解决的一会儿我们共同解决。大家可以结合导学案的内容小组内进行翻译,开始吧!

生:(小组内翻译课文的内容)

师:(巡视小组翻译的情况,适当给予学生点拨)

生:(5~6分钟后翻译的声音渐息)

师:好,大家停一下,我们在小组翻译的过程中有没有不能解决的问题,我们在课堂上解答一下,有问题的同学请举手示意!

生:(4~5名同学举手示意)

师:静怡,你们组在翻译时发现了什么问题?

生1:我们在翻译"所以动心忍性,曾益其所不能"一句时,对"所以"的翻译拿不准。

师:哦,哪组能帮助他们解决呢? 妍丽,你来帮助她解决一下!

生2:"所以"可以解释为,用来……

师:好,这句话怎么解释呢?

生2:用来使他们的心受到震撼,使他们的性情坚韧起来,增加他们所没有的才干。

师:同学们,她翻译得怎么样?

生:完全正确。

师:静怡,这个问题解决了吗?

生1:(点头示意)

师:还有哪位同学有问题吗?

生:(2~3名同学举手示意)

师:如梦,你有什么问题呢?

生3:"困于心"这个句子怎样解释最好呢?

师:谁来帮她解决一下,文辉举手最高,你来吧!

生4:"困于心"是一个倒装句,解释为"内心忧困"。

师:哦,同学们同意他的观点吗?

生:(齐答)同意。

生3:(点头示意)

师:还有问题吗?

生:(摇头)没有了。

师:我们已经扫除了翻译障碍,下面就把你们翻译的成果展示出来吧! 谁来翻译第一段的内容呢?

生:(十几名同学举手示意)

师:玉聪跃跃欲试,咱们请玉聪说一下吧!

生1:舜在历山耕田,后被尧起用,傅说从筑墙的劳作之中被起用,胶鬲从贩鱼卖盐中被起用,管夷吾被从狱官手里救出来并受到任用,孙叔敖从海滨隐居的地方被起用,百里奚被用五张羊皮赎买回来被起用。所以上天要把重大的责任降临在某人的身上,一定先要使他内心痛苦,使他筋骨劳累,使他经受饥饿之苦,使他身处贫困之中,使他做事不顺,使他的心受到震撼,使他的性格坚韧起来,增加他所没有的才能。

师：好，玉聪翻译得怎么样？

生：非常准确。

师：大家给掌声鼓励一下。这一段在翻译时要注意哪种用法呢？

生：（齐答）使动用法。

师：对了，咱们在翻译时也要注意，譬如"劳"是"使……劳累"等。我们再找一名同学把第二个段落翻译一遍吧，谁来？

生：（十多名同学举手示意）

师：嗯，同学们都很踊跃，仁杰，你来试试吧！

生2：一个人犯错误，这样以后才能改正，内心忧困，思虑阻塞，然后才能有所作为，表现在脸色上，流露在言谈中，才能被人们了解。（一个国家），在国内，如果没有守法度的大臣和辅佐君王的贤士；在国外，如果没有势力、地位相当的国家和来自国外的祸患，国家常常灭亡。这样以后才知道忧愁祸患能使人生存，安逸快乐能使人灭亡。

师：好，仁杰在翻译时有一个字丢掉了，谁发现了？

生3：（举手示意）

师：好，李策，你来说一下！

生3："人恒过"的"恒"没有翻译，"恒"解释为"常常"。

师：李策非常仔细，发现了问题；仁杰，下次一定要多加注意哦！两位请坐。同学们通过小组讨论和翻译的过程，应该对课文的意思有了充分地理解，让我来考考你对重点语句的掌握情况吧！咱们用随机抽签的方式找出几名同学解释重点语句的意思。先请一名同学喊"停"，浩然手举得那么高，你来吧！

生：（抽签App全班同学的姓名不停滚动。随机抽取了依晴、俏俏、雨萌三位同学）

师：请抽到的三位同学依次回答下列问题。（多媒体展示第一个问题）找出下列句子的通假字并翻译，"曾益其所不能"。

生1："曾益其所不能"，"曾"通"增"，意思是增加。

生2："困于心，恒于虑，而后作"，"恒"通"横"，意思是梗塞，指不顺。

生3："入则无法家拂士"，"拂"通"弼"，意思是辅佐。

师: 刚才几位同学的回答都没问题,咱们给掌声鼓励。

生: (鼓掌)

师: 这个翻译的环节我们顺利完成了,让我们进入下一个环节:赏析课文,品味语言。首先给大家提出一个问题,这是一篇议论文,这篇文章的中心论点是什么?

生: (齐答)生于忧患,死于安乐。

师: 嗯,文章的题目就是中心论点,文章在开头列举了六位先贤的事例,他们的共同特点是什么? 思考一下,想好的同学举手示意。

生 1: 他们的出身都很低微,都是最底层的人。

生 2: 他们都经历很多的磨难。

生 3: 他们都是身份低微且历经磨难。

师: 三位同学概括出这六位先贤的共同特点,都是历经困难和磨难。(并板书:困难、磨难)我们可不可以用文中的一些词来概括他们经历的共同特点呢?

生: (齐答)生于忧患。

师: (板书:生于忧患)作者列举这些人物的事例,想要说明什么道理呢? 思考一下,想好的同学举手示意。

生 1: 他们都是经历了磨难后才有所作为或者被任用的。

生 2: 他们都是困苦出英才的典型。

生 3: 他们都是历经磨难后成才或受到重用,可见历经艰苦磨难是成才的先决条件。

师: 同学们的见解很棒! 这些先贤在担当"大任"之前,都曾饱经忧患,经历过坎坷艰难的人生历程。这些不但没有使他们屈服,反而磨砺了他们的人格,增长他们的才干,使他们变得更加成熟。最终,成才了。(并板书:成才)

生: (点头示意)

师: 同学们,在古今中外还有没有类似的人物呢? 你能不能列举一两个呢? 给大家一点提示:爱迪生、贝多芬、居里夫人、司马迁、韩信、张海迪等人。咱们可以小组交流一下,一会儿找同学回答。

生: (小组交流讨论 3~4 分钟,声音渐息)

师: 下面找同学给大家讲一讲讨论的结果,谁先来呢?

生: (十多名学生举手示意)

生1:司马迁10岁时开始学习古文书传。后来他继承其父司马谈之职,后因替投降匈奴的李陵辩护获罪下狱,身受宫刑。他虽历经磨难,出狱后任中书令,继续发愤著书,终于完成了《史记》的撰写。

生2:贝多芬双耳失聪了,这无疑完全剥脱了他指挥和演出的权利。就连日常的沟通,也显得非常吃力。但他勇敢地向命运挑战,不顾双耳的轰轰作响,忍受着艰难的"酷刑"工作着,完成一件又一件的作品,他坚定而乐观地说:"我要扼住命运的咽喉。它决不能使我屈服……"最终,他完成《命运交响曲》。

生3:张海迪身患高位截瘫,15岁的时候,她跟着父母到农村生活,处处为别人着想。她自学针灸,为了体验针感,在自己的身上反复练习扎针。短短几年,她居然成为当地年轻的名医,为群众无偿治疗达1万多次。在病床上,她用镜子反射来看书,最后,她以惊人的毅力学会了四国语言,并成功地翻译了16本海外著作。

师:同学列举的这些故事,无论是司马迁身受宫刑,著成《史记》;还是贝多芬双耳失聪,完成《命运交响曲》;抑或是高位截瘫的张海迪精通四国语言。可以看出他们也都是"生于忧患"的,这些都是从个人层面来说的,文章中有些语句,揭示了"担当大任的人都要经历磨炼"的道理,请你找出来,想好的同学举手示意!

生:(8~9名同学举手)

师:好,思源你来说一下。

生1:体现担当大任的人要经历磨炼的句子是"必先苦其心志,劳其筋骨,饿其体肤,空乏其身,行拂乱其所为"。

师:好,给他们这些磨难的目的又是什么呢?谁来用原文的内容回答一下?心语你来!

生2:"所以动心忍性,曾益其所不能。"

师:以上说的是"个人"要成就大事必须经过艰苦的磨炼。对于国家,作者在文中也有阐述,一个国家走向衰败和灭亡的原因又是什么呢?你能不能用文中的语句回答呢?请举手示意。

生:入则无法家拂士,出则无敌国外患者,国恒亡。

师:是呀!无论个人,还是国家,都要有忧患意识。我们参看导学案的第六题,请大家小组讨论完成。

生:（讨论完成）

师:[出示多媒体PPT展示下列内容:"文章第二段先从_____的事例说起,再谈_____。这两个事例形成_____（填写作手法）,最后作者得出_____的结论。]哪位同学分享一下你的见解,请举手示意。琳琳你来。

生:文章第二段先从<u>个人</u>的事例说起,再谈<u>国家</u>。这两个事例形成<u>对比</u>,最后作者得出<u>生于忧患,死于安乐</u>的结论。

师:好,同学们说得很棒! 孟子在2000多年前就警示人们要有忧患意识,在物质生活日益丰富的今天,我们要不要有忧患意识? 如果有,我们该忧患些什么? 请分组讨论。

生:（热烈讨论后声音渐息）

师:请同学们把你们讨论的结果分享出来。

生1:我觉得我们在环境保护方面应该有忧患意识。因为我们的环境正遭受无尽的破坏。沙尘暴频发,荒漠化严重,污水四溢,空气污染,乱砍滥伐……这所有的事情都在提醒我们人类。在各种灾难面前,我们不得不承认,在大自然面前,人类极其渺小,当我们追究原因时,往往忘记了这正是人类自己破坏环境所造成的恶果。所有的灾难都在向我们人类提示:人类在破坏地球的同时,也在毁灭自己。人类只有一个地球,我们也无法移居到别的星球上去,尊重地球就是尊重自己的生命,拯救地球就是拯救未来,所以,善待自然资源就是善待自己。

师:如梦同学站在保护环境立场上提出我们人类应该有忧患意识,保护环境确实就是保护我们人类自己。还有谁想说一下呢? 弘毅你来说一下吧!

生2:我想说的是在能源的使用方面应该有忧患意识。目前我们使用的能源主要以煤为主,石油和天然气次之,这些能源储量尚可,但终究有一天会用尽,而且这些能源在使用时还会污染环境。所以我们要有忧患意识,尽量寻找和发现一些清洁能源代替它们,避免我们生存的环境遭受污染。

师:弘毅同学是从能源危机角度来说的,站位也比较高。我们努力学习,将来一定会发现更多的清洁能源。在生活中,有忧患的意识我们才会走得更长远。由于时间关系,大家把这个问题带到课下完成,可以把你的忧患写出来,形成一篇200字左右的文章,课下我们可以继续交流。下课,同学们!

生:起立,老师再见!

第三部分——成果篇

第一章 语文教学经验总结
第一节 论文《让新课改引领语文教学创新》

在新课改的背景下,我们承担着光荣而任重道远的中学语文教学重任。在这一过程中,从优秀教师们那一节节撞击着智慧火花的语文课堂上,我真切地感受到了时代前进的气息,领悟到了教学中的主体意识、创新意识的巨大作用。以下是我在教学中的几点体会与思考,与各位同仁共勉。

"把语文还给语文",这是顾黄初先生提醒我们的:语文教学应回归语文本真,用学语文的视角去解读文本,创设种种教学情境,用"语文"的方式教出浓浓的语文味来。这也是我对新课改的解读。那么我们应该给学生一个什么样的语文课堂?新理论新教材怎样教?满堂灌不行,一言堂更行不通。到底怎样教呢?这仍是一个"授之以鱼"与"授之以渔"的问题。不能只告诉学生们什么是鱼,把自己当作鱼鹰叼一大堆鱼给学生。在教给学生什么是鱼的前提下,要教会他们如何捕鱼,训练"渔技",把学生们培养成知识海洋中的捕鱼高手,而不是"嗷嗷待哺"的吃鱼虫。

一、新课改首先是教学内容的创新改革

我从多年的语文教学中深深体会到了新课改实施后教学内容是向外拓展的。根据不同学生的年龄特点,深挖并巧妙地安排适应他们的教学内容,做到新旧内容的结合、古今的结合、课内与课外的结合、精读与自读的结合、课本知识与写作的结合、综合性学习与口语交际的结合等。

例如:《皇帝的新装》这篇童话,课文中的皇帝、大臣、骗子的行为都极其荒唐可笑。皇帝光着身子试穿新衣,赤身露体地在大街上游行都是极度夸张的。这些内容挖掘到了学生们的兴趣点,激发了本年龄段学生们学习的兴趣,让学生在快乐中有所收获。

又如新教材中的《阿西莫夫短文两篇》,这是一课说明文。说明文原本枯燥的东西却让学生愿意接受了,原因在于:文中用生动、鲜活的语言将科学性很强的"板块构造"形象化地说明出来。对于学生来说,板块聚散的科学原理也就通

俗易懂了。这样的内容不仅将语文学习与科普知识有机地结合起来了,更加激发了学生的求知欲望。

当然,一些经典老教材更有自己不可磨灭的作用。像《藤野先生》这篇文章,在让学生领略文学巨匠文笔的同时,还可以让我们教师有更多的挖金点:先从事件入手,让学生自由讲述全文写了几件事情,后归类;"事"在人为,从"事"中可窥人的个性特征与精神面貌;"情"由"人"抒,引导学生在鲁迅与藤野严九郎的交往细节中体会、揣摩文字所蕴含的思想感情。之后用心去读,读出幽默犀利,读出刻薄愤怒,读出慷慨激昂,读出用情至深……这些让学生真正感受了什么是名家名篇!

新课改实施一个阶段以来,语文学科的内容开拓了学生的眼界,触动了学生的思维,让学生从不同的角度对文本、现象进行更深广的思考,激发学生对未知世界进行探索、对已知世界进行创新。重书本、重实践,不灌输、重启发,重思考、后记忆,轻知识、重技能,轻接受、重创造,重自学、轻讲授,重个性、轻共性,重过程、轻结果,我认为这又是新课改内容的一大亮点。

二、新课改其次是教学方式的创新改革

我在大量借鉴先进教学经验的基础上,认为教学方式的变革迫在眉睫。在教学过程中,我始终注重的是学生的"自主学习,合作探究",注重的是"以学生为主体,教师为主导"的思路。在日常的教学中,采用一种"问题式教学模式"。

例如教学《斑羚飞渡》这课时,大胆采用"问题式教学模式",让学生多质疑,特别是采用能体现学生自主探究的学习方式,通过课前预习、发现问题、提出问题、分析问题、研讨问题、最终解决问题的模式,培养学生勇于发问、善于发问的精神。

而在教授像《威尼斯商人》这类文学性比较强的文章时,宜采用"读——析——赏——读——练"的教学方式。首先是"读"——读准字音,通读全文,读出文义;其次是"析"——梳理文章,分析文章主题;第三是"赏"——品赏人物语言,分析人物性格;第四是再"读"——加深理解,品析戏剧魅力;最后是"练"——编排课本剧,加深对戏剧的理解。类似的课堂教学模式使学生的学习兴趣更浓了,学习的积极性更高了,课堂始终呈现出"生动、活跃"的气氛,教学效果显著。

当然，只有一些新的教学模式是远不够的，好的教学方法就像催化剂，通常能将课内与课外、教师与学生有机地结合起来，个性与共性结合，重点难点结合，讲练结合，自主、合作、探究结合……我在课堂上大胆借鉴于漪等优秀教师倡导的"点拨法"，特别注重学生在分析问题、研讨问题上的"点"和"拨"，注重培养学生独立思考的能力，又注重培养他们合作探究的能力。

在教读《音乐巨人贝多芬》时，先让学生听贝多芬的钢琴曲《命运》，再让学生谈听音乐的感受，特别是去感悟《命运》所表现出的"贝多芬"，去感受贝多芬与不幸命运抗争所表现出来的坚韧不拔的伟大精神。又如，教授《鱼我所欲也》这篇文章时，教前备课中我发现本文理解起来有些难度，学生学习兴趣可能不大，我就提倡互动探究性学习，给予适当的点拨。如资料助读的点拨，对学生提出翻译中的疑难问题的点拨，对朗读背诵的点拨，让学生将正义、道义放在首位，明辨是非，永葆善良之心，做一个大写的人的点拨……点拨法的使用让孩子们的信心增强了，学习更主动了，让学生体会到了收获的快乐、成功的喜悦。

三、新课改还是师生互动式教学的创新改革

在学生学习的过程中，我注重的是"以学生为主体，教师为主导"的思路。我们都明白这样一个道理：要想让学生学到新东西，学生得渴望学习，而不是我们逼着学。实现这一学习目标的唯一办法就是，让学生在学习过程中担任主角。在实际的教学中要注意保护文化，呵护学生的理想精神，让学生自主学习、合作学习、探究学习，让学生保留自己的意见，要牢记自己是和学生一起学习，我也可能只是学习小组中的一员，不能以"传授者"或是"首席"的身份自居。我们必须转变教学观念，在精心备课的基础上，在实际的课堂教学中要敢于放手，即做到课本让学生看，问题让学生讲，疑难让学生议，规律让学生找，中心让学生归纳，体系让学生梳理，使学生在教师的指导、帮助下学会自己学习。同时注意学生个性思维、创新意识的培养，交给学生学习方法，让学生愿意学、会学。

我们的新课改注重了方方面面的建议，认清了现行课程中存在的种种弊端，顺应了时代发展的需求，新课程改革的出台在社会中引起了极大的反响，满足了社会各界的需求，我们坚信在全社会的关注下，在我们全体教育界同仁的共同努力下，我们的教改之路将会越走越宽！

第二节　论文《在初中语文教学中如何分层布置作业》

摘要:作业是语文教学必不可少的环节,它能起到夯实知识和检查学习效果的重要作用。在新课改和双减政策的双重背景下,切实有效地减轻学生课业负担、提高教学质量自然成为教学的重点。学生因语文知识积累情况、自身智力、学习兴趣、情感意志、家庭环境等因素的影响,学习能力和接受程度存在很大差别。不分层次地布置作业,容易忽略学生的个性差别,不利于其语文学习能力的提升。因而,语文教学实施作业分层布置势在必行。

关键词:初中语文　作业　分层布置

一、分层作业的必要性

首先,分层布置作业符合新课程标准的要求。《义务教育语文课程标准》提倡自主、合作、探究的教育方式,并指出教师应关注学生的个体差异及其学习需求的不同。语文作业的分层布置恰与《新课标》的要求相契合。

其次,分层布置语文作业有利于弥补传统作业缺乏针对性和差异性的不足,对学生整体发展起到极大的促进作用。根据学生的不同情况在作业难度、作业量以及作业标准等方面进行分层布置,可以有效地避免学生作业积极性不高,甚至无效的情况。依据教学内容的难易程度、学生个性特征及语文能力的差异性,从实际情况出发给学生布置学习任务,有效地调动学生的学习兴趣,使学生的学习能力有所提高,学习水平稳步提升。

再次,语文作业的分层布置对减轻学生的学习压力、培养学习兴趣、树立学习信心、提高语文素养等方面有重要作用。在作业目标、作业量、作业难易程度等方面,语文作业的分层布置显示出多层次、多样式的优点,这样既减轻学生的学习压力,又增强他们学习的主动性和自信心;既获得成就感,又体会到学习的快乐,也让学生的语文能力有所发展和提高。

最后,语文作业的分层布置对弥补传统语文作业的单一、机械也有重要作用。根据学生特点和学生自身发展需要分层设计、布置作业,在作业形式上也采用多样化方式,以促进学生各方面能力的全面提升。

二、分层作业试用原则

(一)契合课堂原则

契合课堂原则,在作业设置时要与课堂教学内容密切相关,为巩固课堂效果有计划地进行设置。比如,在教学《孤独之旅》这一课时,这篇文章紧扣杜小康的心理变化展开叙述,写出了人物在特定环境下的情感波澜,心理刻画细致入微。此外,大量的环境描写对人物起到很好的衬托作用。在课后可以设置契合度较高的作业:请以"考试失利后……"为开头,描写你的心理感受,适当加入环境描写烘托人物沮丧、失落的心情,字数要求 200 字左右。依据这个范例,得出结论:契合课堂设置的作业应是紧密结合教学内容的拓展训练,或同级迁移相似性较高的其他问题。只有契合课堂的作业设置,才是高效高质的。

(二)适量高效原则

适量,就是作业的内容难易合理,完成所需时间符合学生年龄和学段的要求。但什么样的量才能称作适量呢?在双减背景下,依据教育部建议的初中生每天作业时间不超过 1.5 小时来看,除去部分学科作业较少或者没有作业的时间,语文作业每天所需时间要控制在 15～30 分钟。但每个学生的书写速度、专注度、学习效率有较大差别,以 15～30 分钟的时间为标准也并非是一成不变的,所以在设置作业时,可以把绝大多数中间层次的学生完成作业的时间作为标准。高效,就是要求作业的设置要达到很好的扎实巩固知识、拓展提升能力的效果。这就要求在设置作业时,不管哪个层次的作业都要有较高的质量。因此,教师在设计作业时既要把体现课本基础知识的传统作业模式加以运用,还要不断探索新形式的作业模式,甚至设计一些简单的拓展外延知识类作业。这时,设置高效的作业应冲破时间、空间划定的界限,让作业成为联结教师教与学生学的纽带,以达到帮助学生巩固、强化、升华所学知识的效果。每一份适量且高效的作业设计,都会让教学过程事半功倍。

(三)分层针对原则

分层针对原则就是要求教师在设置作业时充分考虑学生情况,根据不同基础的学生有梯度地布置作业,设置作业时尽量遵循趣味性、挑战性、提高性的原则,让学生在作业中收获快乐,获得进步,加强成就感。新课程标准要求,教学必须面向全体学生,让学生的基本语文素养有所提升,但学生们在基础、学习习惯、认知水平、智力情况、个性特征和家庭环境等方面有较大的差异,不同的学生,同样的作业要求,显然是不适合的,所以我们在布置作业时要关注每位学生的实际情况,有针对性地布置。即:依据学生的个体差异和不同课程的学习重点,设置不同层次的作业。如:难度最小、层次最低的积累记忆型作业适用于基础差、学习能力低的同学;难度稍大、巩固练习、思考探究型的作业更适合绝大多数学生;难度最大、能力提升、综合实践型作业适合层次最高、语文能力最强的学生。在教学中,不要明确划分学生的层次,完成哪个层次的作业要以学生自我能力的判断为主,切忌完全按照学生的学习成绩进行分层。在完成作业时,教师要提出选做数量的最低要求,学生再根据自己的实际情况选做适合自己的内容。鼓励每个层次的学生选做略高于自己能力范围的作业。教师也应该鼓励学生自我突破,敢于挑战稍高层次的作业,这样,又有利于维护不同层次学生的自尊心,让学生学习任务高效达成,不断提高学生的语文能力。

(四)新颖多样原则

新颖多样原则主要以作业内容和作业形式的新颖化、多样化为特色。作业内容的新颖化、多样化就是指要避免完全相同的重复性作业,如:单纯机械的抄写等,这样的作业效果会大打折扣,长此以往学生会丧失学习的兴趣。因此,教师根据教学内容、学生兴趣爱好、校园内外的重大事件、社会焦点等内容进行语文作业设计,将不同类型作业混合搭配,更能调动学生完成作业的主动性。作业新颖多样是指抄写、背诵、阅读、观察、思考、操作、调查研究、讨论表达等,作业的完成形式也是新颖多样的。作业形式如此之多,并非要求学生每天完成各种活动,还应切合教学实际,与其他层次的作业内容相辅相成。另外,作业的新颖多样还要具有适合本班学情又有独特性的特点,教师可自行设计,避免学生在网络上搜索相关的题目和答案。作业形式的新颖多样对吸引学生兴趣、培养学生独立思考的习惯、提高学生自主性和积极性、确保作业的高质量完成等方面有重要的作用,也为后续的语文学习奠定坚实基础。

三、分层作业的设置类型

(一)积累掌握型作业

初中语文作业中最基础的一类作业便是积累掌握类作业,它作为作业设置的第一层次是至关重要的。这类作业主要以知识的积累掌握和记忆为主,如:字词的读音、字形、字意,文学知识类,古诗文背诵、默写、注释,以及其他需要识记掌握的语文知识;其次是预习、复习教科书或课外阅读等与基础知识相关的其他丰富知识,也属于积累掌握型的作业。这类作业以最基础、最重要为特点,有了知识的积累掌握,学生才能更好地理解和掌握学习过程中出现的其他疑难的内容。

(二)巩固练习型作业

巩固练习型作业主要的作用是巩固教学效果,反映教学实际,让学生消化所学知识。巩固练习型作业以与课堂学到的知识相关联的练习题为主,起到考查知识记忆、促进知识运用的作用。这类作业的布置要精巧,做到针对性、高效性,在作业形式上也要进行创新,不应只以书面练习题为主,可以采用其他的巩固形式,如表演、讲述、总结、归纳、绘图、制表等,让学生更加灵活地掌握知识,让知识的获得变得更有趣味性,从而提升学生的学习效果。

(三)表达表现型作业

表达表现型作业主要是为培养学生语言表达能力设置的作业类型,以适应教学需要。它强调了学生的语言表达表现能力,大多是口头表达、书面表达两种常见形式。口头表达表现类作业有背诵、朗诵、复述、演讲、辩论和语言情景交际等多种形式;书面表达表现类作业有日记、读观后感、作文、随笔和其他各类型的文字撰写等形式。部编版语文教材中的"活动·探究"单元,都是非常好的语言表达能力培养的实践机会。在设置这类作业时,要以学生的学习实际为基础,让学生有话可说,尽量多给学生创造表达的机会、搭建表达的舞台。教师通过一些有效的训练形式,以培养学生得体、准确地表达自己观点的能力,对学生交际能力和语言表达能力的提升也有重要作用。

(四)思考探究型作业

思考探究型作业是教师根据教学过程的需要设置的思考探究类型的作业。这类作业一般是教学过程中提前设置的较有难度的思考探究性问题,但也可能是为教学铺垫设置的前置性思考问题,教学完成后迁移巩固思考性作业,或突发于教学过程中产生的疑难问题。教师通过这些具有趣味性、能解决疑难且价值较高的思考探究型作业,让学生思考、探究、解决问题,要比教师直接讲授的效果好,长此以往,对学生独立思考习惯的养成、教学效果的有效提升至关重要。但在设置思考探究性作业时也要注意:问题疑难程度的把握,要比学生的认知能力水平略有提高,太易或太难的问题设置对学生思考积极性的激发都没有益处。学生通过努力让问题得以解决,从而激发学习热情,在思考探究的学习过程中收获成就感。

(五)活动实践型作业

活动实践型作业是以学生为中心、以设置的任务为导向、以提升能力为宗旨的学习实践活动。在语文教学中,它是为培养学生活动参与、解决问题能力而设置的,对教学内容起到辅助作用。一般以操作、体验、调查或研究等为表现形式,其活动实践内容形式多样,如成语大会、诗词朗诵大会、演讲、讲故事比赛、实践考察、参观访问和调查研究等,只要与语文学习相关,能促进学生语文能力提升的各种内容均可。这类型的作业虽然在教学过程中出现的次数并不多,但作为培养学生实践能力的主要途径,是必不可少的。其常常是与其他学科知识相结合,所以在设置时,要注意与其他学科的内容相关联,以促进学生知识面的扩展和各个学科综合能力的全面提升。同时,这些作业的设置大多是与社会或校园热点现象相关联,有利于激发学生的学习兴趣,有利于学生的全面发展。

四、分层作业的批改评价

批改和评价学生作业是教学效果的直接反馈,是教学内容的无限延伸,也是教学工作的重要一项,是老师教学任务完成后进行教学反思的主要依据之一。通过批改作业,老师给予学生恰切的评价,使得师生的关系通过作业反馈的过程变得更密切。在批改和评价时,要避免评价标准过于僵化、评价主体和评价形式的单一化。

(一)批改标准多元化

作业的批改评价会让学生对作业中存在的错误得以改正,对有错误的知识点进行矫正;能有效地避免重复错误,能激发学生的学习兴趣,促进语文能力的提升。语文学科本身就具有一定的模糊性,不像数理化等其他科目,答案是唯一的。其次,同一语言材料不同的学生会有不同的理解,照本宣科的评价标准束缚了学生的创造性思维。因而,教师批改评价学生作业的依据不能死盯答案,应采用多元化的评价依据,评价的要求也可以是多维度的,例如:可以从字迹的书写规范程度上给出"优、良、可、差"四个等级;可以从作业正确率角度采用给分制等形式进行评价;还可以依据学生实际能力完成相同作业时,采用不同标准的评价方式进行评价等。其目的是发现学生作业的闪光点,鼓励学生创新地完成作业。总之,教师在作业批改评价时不求个性、只求共性,或评价依据过于单一是不可取的。这也极易降低学生的学习兴趣、挫伤学生的成就感,不利于学生的自尊心和自信心的养成。

(二)评价主体多元化

每个孩子的成长都需要家长、学校、社会三方参与管理,因此我们可以采用"自评自批""互评互批""家长参与评价"等多种形式。"自评自批"适用于那些题型单一、要求层次较低的作业内容,如:填空题、简单的选择题、判断题等;再如我们还可以充分利用网络这一平台,将作业的正确答案及点评、简析等内容发布,为学生自评自批提供便利,也能调动学生学习的积极性、主动性,培养学生发现、分析、解决问题的能力。除了学生个人的"自评自批",学生"互评互批"也是一种能引起学生自我反思、了解其他学生学习实际行之有效的评价方法。个别学生由于马虎粗心,或批改不认真而导致批改错误时有发生,采用"互评互批"的评价方式,能督促粗心马虎的学生养成认真细致批改的良好习惯。例如:对于某些作业,教师事先给学生分组,在批改评价作业时可只检查一名成员的作业,之后,在组员相互监督、相互帮助的情况下,另外几人的作业由该名同学去批改订正。学生因批改作业的数量少,甚至比教师还要认真,那些不易被发现的错误也能及时发现,比教师逐个批改的效果还要好。"互评互批"既调动了学生的积极性,又锻炼了他们的能力。"家长参与评价"在学生成长过程中起着重要作用,适时让家长参与到作业评价的行列中来,也是很有必要的,但这里所指并非像教师通常情况下对学生作业进行的评价,家长参与评价批改的内容大多是一些动手操作或实践活动类的作业,家长可以依据提前给出的标准和现场学生完成的实际情况进行评价,评价结果更能反映学生的实际能力。

(三)批改形式多元化

在语文教学中教师采用的批改评价方式也是多元的。例如:

1.全批全改。这类评价批改的形式适用于重点且疑难较多的作业,有助于教师全面了解整个班级同学对重难点问题的掌握情况,让接下来的教学更有针对性。

2.全批不全改。教师事先预测作业中较易出错的一些内容,针对这些内容给全体同学的作业进行批改,目的是突出易错点引起学生的注意,而对于其他作业则采用课堂订正、随机抽查等其他评价方式。

3.面批面改。对需要重点点拨的学生或是一些重难题型可采取面批面改的形式。学生在老师的点拨下发现问题、解决问题,从而加深对疑难问题的掌握理解。

4.重点批改。对于一些简单的练习性作业,教师选择各层次一些具有代表性的同学的作业进行重点批改,其余简单的内容可采用学生"互评互批"的方式。这样,既节省了时间,还为学生创造了批改实践的机会。

5.随堂批改。这种批改方式适合在课堂中设置的练习、巩固类的作业。对学生而言,能让他们及时发现并纠正作业中的错误,还提高了做作业的积极性;教师也能及时了解学生的作业情况,提高教学效率,节省了课外批改作业的时间。

义务教育阶段课程的基本出发点是促进学生全面、持续、和谐的发展。语文作业评价是对学生的认知、能力、情感态度进行的科学评价,评价体系也需根据学生的个体差异设计成多元的,这样才能培养各有所长的学生,创造良好的育人环境,让学生高效地获得新知识。

第三节　论文《"跟着课本去研学"的研学实施课程研究——"寻根探史、品读家乡文化"研学实践活动经验感悟》

摘要:研学实践是以组织性、集体性为表现方式,将学习与实践旅行有效结合的一种校外教育活动,是校内与校外教育衔接的创新形式,是全面育人的有效途径。近年,我国一直倡导中小学逐步推行研学实践课程,鼓励学校组织学生利用课外实践活动,进行寓教于"游"的教学活动,这充分肯定了研学实践课程在教学中的重要地位。为推动研学实践课程的发展,在以往研究的基础上,本文旨在总结研学实践课程的意义、研学实践课程的设计、研学实践课程实施的注意事项等方面的经验。

关键词:研学实践课程 实施意义 课程设计 注意事项

一、研学实践课程研究发展的意义

(一)研学实践课程是深化新课改的需要

近年,教育部下发的《基础教育课程改革纲要(试行)》指出,中小学应把综合实践活动课程设置为必修课程,且对综合实践活动课程的内容与范围做了规定,这充分表明综合实践活动课程在基础教育新课改中的重要地位。目前,我国的新课程改革正处于全面深化的关键时期,改革的关注点有:课程内容与学生生活实际联系不够密切,课程实施的模式过于僵化,教学过程对学生个体的关注缺乏等。研学实践课程是校内课程的有益补充,可作为基础教育新课改的突破口,作为开放性课程也能促进学生的成长。一直以来,研学实践课程的设计中心点为学生,课程的依据是学生的实际生活,学习的起点是学生的现实体验,这契合新课改的理念,必然促进新课改的目标达成。研学实践课程赋予旅行于教育意义,让学生寓"学"于"行",边"行"边"学"。学校日常的教学课程与研学实践课程有机结合,对全面深化新课程改革、破解现有的课程改革困境将有巨大的作用。

(二)研学实践课程是教学实际的需要

新课标还指出,课程学习的目的是提升学生的实践能力,培养其开拓创新精神。研学实践作为宝贵的课程资源,将学习寓于旅行、观察、体验中,将语文课堂教学的外延进一步拓展。学生在研学实践中的体验过程是最真实的生活情境,在研学中遇到的问题是很好的教学内容,在研学过程中的观察体验是最真实的心理感受。苏霍姆林斯基也曾说过:让学生体验到一种自己亲身参与掌握知识的过程,是独有的能激发青少年学习兴趣的重要条件。我们的课程资源可以是学生在研学实践中所看到的,也可以是在研学实践中产生的需要思考的问题等。有效利用这些资源,能将课堂上所学的语文学科知识具象化,从而激发学生学习的内驱力,调动学生主动参与的积极性,全面提升学生的语文素养。家乡的历史、特色文化、习俗等都可以变成语文学习的课程资源,"学"决定"行",以"行"促"学","行""学"并行,这种鲜活的课程资源丰富了语文的教学内容,也为学生构建起通往获得知识、提升能力、完善价值观的桥梁,学生"知""行"合一,更利于语文课程目标的有效完成。

（三）研学实践符合学生的认知规律

研学实践是学校教育与校外教育相结合的教育形式，是理论与实践相辅相成的育人途径。从理论上讲，语文学科学习的过程与其他学科的学习过程没有什么不同，但在实际操作过程中，结合语文学习内容的特点，学生学习语文的认知规律也应该具有其特殊性。学生在课堂中通过眼睛、耳朵等感官接收大量知识信息，对各类知识形成一定的认识，但这种认识存在一定的片面性、表象性，需要在头脑中将这些信息理解、消化，甚至重构、迁移，而研学实践课程将是这一过程完美实现必不可少的方式。在研学实践过程中，学生依据明确的学习目标，按照科学的旅行线路，走出校园，走向更广阔的知识天地，"行"中求"学"，以"行"促"学"，身临其境获得新知，确保知识的直观性；学生在研学实践过程中探索知识、应用知识，体现出知识的实用性。这些也足以证明研学实践与课堂教学的相辅相成符合学生的认知规律。

二、研学实践课程的设计

研学实践课程是一种不同于常规课堂的教育活动，好的研学实践设计与精心的策划会让教学效果事半功倍。家乡文化资源是研学实践课程的重要部分，要将其独特的教育功能充分发挥出来，打造既有语文学科特点，又有地方特色的研学主题，让"行"与"学"并举交融。研学实践课程以提升核心素养为目的，并依据参加研学实践学生的年龄阶段、兴趣爱好、心理特点、认知能力等进行主题设计。学生通过研学实践活动，充分感受家乡历史、文化资源的魅力。开展研学实践课程，运用家乡周边历史、文化等各种资源，为学生打造"行走的课堂"，能丰富学生的知识，提升学生的综合能力，养成良好的情感、态度和价值观。在语文教学过程中，依据我校所处的地理位置，我们把"寻根探史、品读家乡文化"的研学实践课程设置为以下几种形式。

（一）根据中学阶段的各种教育内容，依托校外研学基地设计研学实践课程

如：参观红色教育基地"红旗谱""于方舟故居""人民领袖纪念馆"，祭扫"无名烈士墓"等。以八年级上册名著阅读《红星照耀中国》研学课程为例，我们组织的研学实践课程的教学流程如下。

1. 制定研学活动主题为"走进红色基地,探寻革命精神"。

2. 设定活动目标为:为深化新课改,确实落实素质教育,陶冶学生情操,针对八年级上册名著阅读《红星照耀中国》的教材特点,并结合当地的实际情况,组织学生进行"走进红色基地,探寻革命精神"的研学实践活动,增长学生见识,提高学习兴趣,对学生进行红色教育。

3. 研学活动流程安排。

(1)参观"人民领袖纪念馆"。纪念馆创办人向学生介绍设立展馆的初衷、展厅内部分展品的来历,以及部分照片、展品所涉及的故事,学生们边参观边聆听,深刻学习毛主席在中国革命历史上做出的巨大贡献。

(2)参观《红旗谱》拍摄基地。通过实地参观学习,学生了解到北方农村在共产党领导下如火如荼闹革命的壮丽画卷,领略到广大农民从自发反抗到有组织奋斗的曲折进程。

(3)参观"于方舟故居"。学生近距离地参观故居内的珍贵图片、文献资料及于方舟烈士的遗物,了解于方舟同志的生平事迹,深刻缅怀于方舟同志的丰功伟绩。

(4)学生集体宣誓。学生集体在于方舟故居前宣誓,深刻缅怀那些伟大的英雄,将本次研学上升到情感的层面。

(5)返程时在车上交流心得感受。

(6)学生撰写一篇研学收获体会。

(二)结合家乡的历史、文化特色等设计研学实践课程

如:通过对芦台春生态园等地的考察参观,了解家乡酒文化的起源与历史发展,观摩发酵车间、制酒生产线、"天下第一窖"储酒窖等,写出实地调查报告或游记等。

1. 制定研学实践活动主题为"走进芦台春,了解酒文化"。

2. 设定活动目标为:为了解家乡特色文化,激发学生爱家乡、爱祖国的热情,确实落实素质教育,以八年级下册第五单元《学写游记》这一教材内容为依托,组织学生进行"走进芦台春,了解酒文化"的研学实践活动,开阔学生视野,丰富学生学识,对学生进行家乡情怀教育。

3.研学活动流程安排。

(1)全体学生参观"芦台春生态园"外部自然景观。

(2)观摩发酵车间。通过实地参观发酵车间,学生了解到发酵的相关知识,感受到古法发酵酿酒的技艺。

(3)参观制酒生产线。学生了解优质酒水的酿造,要经一年周期,两次投粮,九次蒸馏,八次加曲,八次发酵,七次摘酒,一年盘勾,五年贮藏的过程。

(4)参观"天下第一宫"储酒窖。学生聆听讲解员关于用紫砂陶坛储酒,透气不透液、杂质挥发快等优点的讲解,实地参观"恒温恒湿纯粮固态发酵原酒吨坛窖藏库"。

(5)返程时在车上交流此行的收获。

(6)写实地调查报告或游记等。

参观"芦台春生态园"　　　　　参观"天下第一宫"

(三)根据语文学科的特点,从语文学科教学角度设计研学实践课程

如:"寻找春天的足迹——植树之旅""感受丰收的秋季"等研学实践活动,让学生走进家乡的郊野,探寻春天的花草树木的点滴变化,参加植树,参与采摘棉花、收获玉米、钓螃蟹等研学活动。在研学实践中,学生直接观察自然现象或探究事理,有利于提升学生的思维与实践能力,有利于培养学生的核心素养。以"寻找春天的足迹——植树之旅"为例,安排如下。

1.制定研学实践活动主题为"寻找春天的足迹——植树之旅"。

2.设定活动目标为：了解植树节的来历，增强学生的环保意识和生态意识，让学生走进自然，培养动手能力，形成热爱劳动的品质。

3.研学实践流程安排。

（1）植树前期准备。包括植树节的来历，树苗的采购、分配，植树工具的配备及如何分工等。

（2）到达指定地点，在横幅"做热爱自然，守护自然的小卫士"前宣誓，宣誓完毕在条幅上签字。

（3）男教师和男生负责挖坑，女生负责扶树、提水，按照事先的分工，完成100棵树苗的种植任务。

（4）在自己所植的树前拍照留念。

（5）学生写出参加此次劳动的收获和体会。

"寻找春天的足迹——植树之旅"

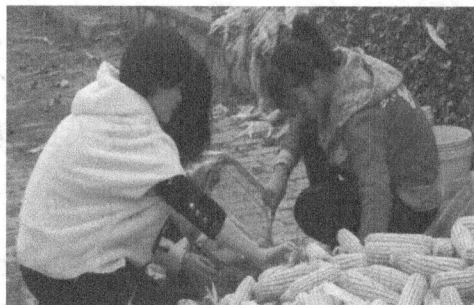

"感受丰收的秋季"

总之,研学实践活动要紧扣研学主题,全方位开发和利用家乡的各种文化资源,防止只"游"不学,要"学""行"并举,从而提高活动的实效性。研学实践的课程设计形式还有很多,还需要我们不断地尝试探索。

三、研学实践课程实施的注意事项

我们大体把研学实践课程的实施分为三部分:研学实践前的预设、研学实践中的行进课程、研学实践后的展示课程。研学实践课程目标的达成需要注意以下几个方面。

(一)应有研学实践前的预设

研学实践课程有效实施的前提和保证是研学前的预设。我们在进行研学实践前,需要实地考察研学实践的课程资源,并做好学生、家长与带队老师的预设。

1.研学前的考察内容主要有:研学实践基地的特色、研学实践的安全性、研学实践所需的时间、研学实践的物质保障、研学实践的组织形式等。通过对以上各环节的整合,我们再对研学实践课程进行科学合理的设计,制定研学实践手册。研学实践手册可包括:研学实践课程简介、课程目标、研学行程规划、课程实施过程、研学实践评价、成果展示、应急措施等重要信息。

2.我们也应该提前对学生进行课前预设。如:通过"文明研学实践课程"专题讲座或观看"文明参观"宣传片等形式充分动员学生,让学生懂得研学实践课程的注意事项及重要意义,让学生明确研学目标,端正研学态度。为学生讲解研学实践课程实施的过程与要求,做好研学前的安全教育,让学生提前做好研学准备,以保证研学实践课程的高效性。

(1)做好带队老师的培训。研学带队老师在研学实践课程实施中的作用是至关重要的,带队教师要有实施研学实践课程的知识和技能,有很好的安全防范知识和技能等。

(2)做好家长的动员工作。让家长了解研学实践课程对学生成长的重要意义,使其充分支持学校的教学工作,积极配合完成研学实践课程。

(3)学校应与承办方搭建联络、沟通渠道,保证让每位研学实践课程的参与者,在研学实践课程中随时保持联系。

（二）研学进行中的注意事项

研学实践课程实施的最终成果应体现在研学的行进过程。研学实践的行进过程可分为集合出行、实施过程、后勤保障等几个步骤。

1. 集合出行。（1）带队老师对参与研学的学生人数及时清点，关注每个学生的身心状况，有问题的及时处理。（2）带队老师对乘坐的车辆合理分配，如：确定每位学生的上车顺序及座位号，做到有序乘车。（3）在研学途中，带队老师随时关注学生的乘车安全，禁止将手、头等部位探出车窗外，车厢内禁止大声喧哗，保持车内卫生等。（4）到达指定地点，带队老师在下车前再次向学生强调此次研学的目标和要求等，组织学生有序下车。

2. 实施过程。带队老师应按照研学计划要求引导学生进行研学课程。在此过程中，要注意几点：（1）研学实践课程实施要关注目标的达成，培养学生多种感官协同感受的能力，引导学生尝试理论联系实践，帮助学生形成正确的认知。（2）让学生感受课本知识与生活实际的密切联系，尽量让每一位学生亲身体验甚至动手实践，培养处理问题的能力。（3）研学过程多以小组或集体合作探究的方式进行，让学生在合作中成长，充分感受到集体合作的魅力。（4）在户外进行的研学实践课程有很多不确定因素，带队老师要有预见性，确保每位学生的安全。

3. 后勤保障。食物、饮水及一些必备药物等用品的储备。在饮食饮水上，保证食品饮水等的来源安全，合理安排时间，强调饮食饮水纪律，禁止浪费，等等。

（三）应有研学后的成果展示

研学实践课程的成果展示是知识巩固和能力提升的过程。研学后的展示包含研学汇报、成果展示和研学评价等环节。

1. 研学汇报。研学实践课程结束后，可以组织学生将在研学实践课程中的收获和感悟与其他同学交流分享，展示的形式多种多样，如照片、文字感受、视频、绘画、手抄报、书法等。

2. 成果展示。各班将优秀的研学实践成果推选出来，参加学校的成果展示。学校可以通过橱窗、专栏、板报等传统形式来展示，也可以通过公众号、彩视、美篇等网络平台展示。

3.研学评价。在研学实践成果交流展示后,应及时评价学生的研学实践成果。评价主体应是多元的,如学生、教师、家长、社会人员等。评价主体对研学实践成果可从行为和能力两方面进行民主评选,对优秀的研学成果及时表彰,甚至还可将评价结果纳入学生综合素质评价体系。

总之,我们要结合语文学科的特点,将研学实践课程的开发与实施和课本知识有机结合,在具体操作中,将研学实践过程与学科教学过程有机融合,充分激发学生学习的兴趣,增强学生热爱家乡、建设美好家乡的责任感,培养学生的爱国情感,不断提升自己的教育教学能力与专业素养,促进教育教学水平的不断提升。

【参考文献】

[1]崔雨.《初中研学旅行课程开发与实施调查研究》,河南大学,硕士论文,2020.7

[2]戚爽.《基于地理核心素养的高中地理研学旅行方案设计——以贵州省六盘水市为例》,辽宁师范大学,硕士学位论文,2020.6

第四节　论文《双减背景下表现性评价在语文教学中的有效应用》

摘要:表现性评价是新课改极力推崇的一种鲜活的评价方式,以前是以教师为主体、考试为载体、用分数量化对语文学习进行终结性评价。在双减背景下,这与语文学科工具性和人文性相统一的特点背道而驰。根据《新课程标准》和学生的实际情况制定表现性评价目标,布置表现性活动任务,设计完善的评价标准,对学生进行有效评价,以促进学生全面发展,使语文教育教学更具现实意义。

关键词:双减　表现性评价　语文教学　学生评价

正文:新课改逐步从理念层面走向实践,在双减工作的背景要求下,表现性评价既符合时代发展的要求,又适应教育改革理念的需要。它的宗旨是全面真实地评价学生潜力和学业能力。它的侧重点是评价学生的逻辑思维能力和能否将所学知识转化为解决问题的能力。它能对学生的学习效果进行更直观、更真实的考查,对学生综合运用知识、解决问题的能力进行检测,充分发挥学生的潜力,为终身学习夯实基础。

一、表现性评价是双减背景下语文教学的有效需要

(一)教育改革的需要

现今,上级部门印发的《关于进一步减轻义务教育阶段学生作业负担和校外培训负担的意见》,其主旨是提高教学质量,强化学校教育主阵地作用,深度治理校外培训机构,构建良好的教育生态。目前双减工作有条不紊地顺利推进,这就要求学业评价领域的深度改革,以最大限度地发挥学生潜能,提高教育教学质量。

(二)学生全面发展的需要

双减工作推进之前,教师为考而教,学生为分而学,量化评价在操作过程中人为地被带入绝境,未能展示出许多难以量化的丰富内容,如学生的应变力、鉴赏力、实践力、创造力等,这是确凿的事实。这不符合双减工作的要求。学生是学习的主体,是知识的运用者;教师是知识的传授者,能给予学生方法指导,关注学生学习过程,并及时对学生的学习过程做出有效评价,便于学生不断改进完善。学生是教学的主体,教师改变以往用分数来甄别和选拔的评价方式势在必行。表现性评价作为一种鲜活的评价方式,强调了评价主体不只限于教师,考试成绩也不应作为对学生评价的唯一标准。评价不单是纸笔测验,更应关注最终结果,更应重视评价过程。

(三)教育理论传承发展的需要

双减政策坚持以学生为本,是对教育规律的遵循,其宗旨是以学生身心健康成长为着眼点,保障学生充足休息的权利,让学生的学习回归学校,全面提升学校教学质量,减轻家长负担。这就要求不能对学生进行应试教育,教师对学生的评价不能只着眼于书本知识的掌握,应是对学生各方面能力的综合考量,如学生的情感态度、价值观以及心智成长变化等。传统评价方法的特点是:成本低、评价客观、测试方法便捷、能够很快掌握学生的学习情况等,但学生是不断发展的鲜活个体,他们在成长过程中个性鲜明,传统的评价形式从学生自身出发做出客观准确的评价尚存在缺失。在众多教育评价模式中有很多优点的纸笔测试,以前是教育教学主导的评价方式,但它不能准确客观地评价学生对深层次问题的理解能力和反思情况,更不能评价学生能否运用知识解决实际生活中的各种问题,只能导致学生成为得分的机器。只有从不同角度、不同层面评价每一位学

生,才能促进其智力领域的优秀品质向其他非智力领域良性迁移。

二、表现性评价的有效落实

表现性评价能更直接、更真实地考查学生学习的情况,值得指出的是它能对其他方法无法测量的思维学习活动和技能水平进行评价。表现性评价是日常教育教学的重要组成部分,它强调要有在实际生活中运用所学知识解决问题的能力,反映的是学生学习表现和解决问题能力的真实面貌。

(一)在设计合理的前提下对表现性任务进行评价

1.纸笔测验表现性评价

纸笔测验是学生学业的主要评价方式,一直备受老师、学生及家长的青睐,它在学校教育的沃土中根深蒂固,一度达到了离开测验教育无法进行的地步。纸笔测验在教育教学中备受重视,主要是它效率高,能同时对学生进行大规模的检测,便于制定统一的评分标准,而且比其他方法能更直观地考察知识掌握的情况。在双减背景下,纸笔表现性评价中,可以更多地使用"表达探究""想象联想""实践创作"等行为动词。语文学科的纸笔测验,如:

(1)"表达探究"《曹刿论战》一文中的鲁庄公是否是一个昏庸无能的君主?

(2)请学生"绘制"《奇妙的克隆》一文中换核卵的操作流程。

(3)查阅有关资料,"讲述"刘禹锡被贬到和州当刺史时三次更换居住地点的故事。

(4)"想象或联想"《天上的街市》一文中"牛郎和织女"相会的场景。

(5)九年级下册第一单元结束后,学生"自由创作"现代诗歌。

当然,纸笔测验评价需要设计一定的情境,使评价的内容既符合学生的学情,又贴近学生的现实生活。以上操作实例,最终的结果也会落实到书面上,但这不再是单纯地考查学生的认知技能了,而是对学生综合素质的全面考量。通过纸笔测验评价激发学生学习语文的兴趣,提高学生的语文综合能力。在多角度的考查中对学生进行评价,让他们对自己各方面的知识储备和能力了如指掌。

2.对与教学内容契合的各项活动的评价

结合《新课标》对学生综合素质的要求,分组讨论,共同制定各种活动的评价标准,在活动之前让学生有的放矢,在活动进程中逐步完成对学生的评价。例如:八年级我们开展了"走近于方舟""参观红旗谱"的社会实践活动,学生依据兴趣爱好、个性特长等自由结组,对以上两地点进行了实地参观考察,各组用组内评价的方式,制定出行方案、安排参观流程、修改制定方案等。在成果展示中,学生一些有创意、有价值的探究成果应运而生,如摄影作品、文学创作、书法作品等,内容丰富、琳琅满目。班级评比、校内展览、美篇制作等活动也极大地激发了学生的主动参与意识。

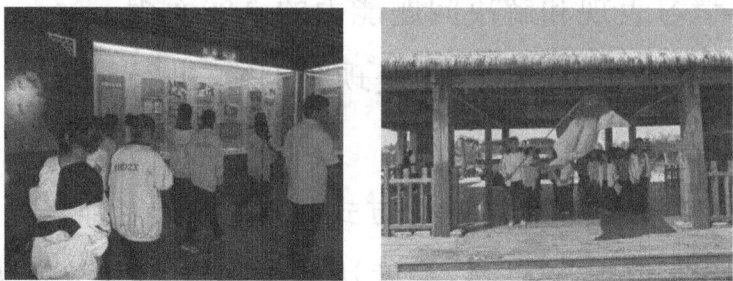

部分学生活动

3.对阅读经典诗文、竞选等活动的评价

我校举行"经典诵读"评比活动、学生会竞选等系列活动。以这些活动为载体,对学生们的作品进行表现性评价。学生们跃跃欲试,积极撰写各种稿件,他们在默契的互动、激烈的竞争中提升自己,在努力与进取中穿插着同伴的互助、教师的指导,整个过程碰撞出智慧的火花。值得一提的是学生会竞选活动,这要求学生具备较高的综合能力。赛场上,评委们现场提问,选手当场答辩,评委当场点评,竞争选手互相评价,台下同学随机抽取上台提问、点评。老师的评价和学生的互评,无论是基于哪个层面的,都体现出了一种互动交流的精彩,分数和排序不再是"评价"的代名词。

4.对制定班刊、创作图文作品的评价

我班出版了名为"淮睿"的班刊,班刊取"淮中之睿,富睿之生"之义。我们面向全体学生征稿,多次开展征文和手抄报比赛,以这些比赛为依托,进行表现性任务评价。班刊上收录的内容琳琅满目,如:主题为"我身边的故事""阅读伴我成长""我的团队"等征文活动,产生的优秀文章有《我的同桌初印象》《众心灼灼护国安》《春暖花开》《角落里的光》等。七、八年级的学生在疫情期间开展手抄报创作比赛。学生们制作的手抄报题材丰富多样,有普及疫情知识的,有描绘抗疫英雄的,有宣传如何抗疫的……学生们的作品精彩纷呈,能将真实的体验、内心的情感、美好的愿望,鲜活地表现出来。这些活动,通过展览、微信群、美篇等各种渠道,经过学生互相评价、家长点评、教师点评等多元评价方式,最佳构思奖、最精美绘图奖、特殊表现奖等应运而生。那些有创意的作品都收录到班刊中,甚至将优秀作品推送更高一级的平台进行展示,设置这些内容的目的是激励他们观察体验,将内心的真实想法表达出来,增强对周围人、周围事的观察能力。

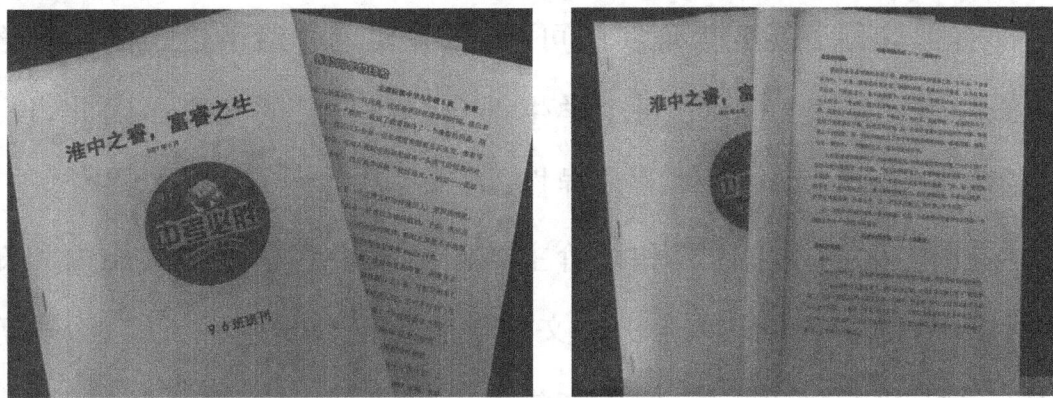

班刊

5.对模拟情境、课本剧表演等表现性任务评价

为了代替或配合真实情境中的表现,模拟情境、课本剧表演等应运而生。在语文学习中,有些是可以采用表现性任务进行评价,如在讲授八年级上册的综合性学习《身边的文化遗产》时,学生们以书写春联、送春联等形式展示。再如,在讲授七年级上册《皇帝的新装》一课时,可进行课本剧排练。学生们先自由结成四组,采用竞争机制,投票评选出最佳导演、最佳主角和最佳配角。他们利用课余时间整合资源,把各组的精英重新安排角色,重新排练。有了这样的过程,每个学生的个性特长都得以充分展示,竞争也使他们倍加珍惜得来的表演机会。采取以上形式,学生参与意识强,收效好,更真实地展示了他们的组织力、演绎力和表现力。在此基础上的评价,才能更真实地反映学生学习的实际情况。

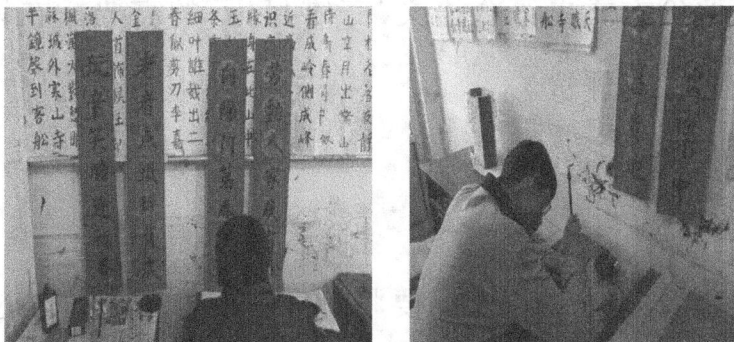

部分学生活动

（二）制定合理的表现性评价标准

首先，尊重学生个体差异。俗话说尺有所短，寸有所长。多元智能理论也指出，每个学生都具有九种智能，但每一种智能在每个个体中表现出来的分布状况和重组结构是不一样的。各种能力在每个学生的头脑中以潜在的方式存在着，每个学生都有把这种潜能变为现实的可能性，只要老师给予恰当的激励教育，为他们创设激发潜能的良好环境，每个学生都会绽放自己的光彩。因此，设置教学目标时，要充分考虑到每个个体的差异性。

其次，采用多元的评价内容和评价主体。语文素养是指语文能力和知识、情感、语言积累、语感等的有机结合。语文教学着重培养学生听、说、读、写等能力，这些能力与言语智能密切联系，但语文学习不单纯是言语智能，还与其他智能密切联系，所以在教学中应让多种智能互相协作、相辅相成，才能让学生的潜能得到充分的激发。这个过程必然要求教师多角度、多元化地对学生进行综合评价，让学生得到更全面发展。表现性评价既能根据目标和标准非常具体、直观地揭示学生完成的学习任务，又能细微地描述对表现者来说清晰的、可利用的评价结果，促使学生不断改进自己的方法，及时调整学习过程中存在的问题和不足。表现性评价提倡对学生的评价要在具体的活动过程中开展，从多个角度观察测评学生，尊重学生的个体差异，评价的内容和评价标准也应是多元的。对学生进行公平公正的评价，能促进学生身心健康的全面发展。

（三）表现性评价的方法

语文学习评价应从三个维度，即"知识与能力""过程与方法""情感态度价值观"进行。表现性评价方式更符合语文"三维目标"的需要。在评价时，缺失任何一个维度，都不是完善的评价。

具体操作方法：

1.课评

课评，就是学案导学案每课评。要将评价、导学案和教学过程有机结合，将评价落实到学生对每节课的重难点知识的学习上。

2.月评

月评,就是课堂表现每月评。这类评价可以从基础知识的掌握、技能方法的运用、表达能力的提升等多个角度进行,每月一次,具有一定的阶段性,让学生对于自身发展、进步或落后都可感可知。

3.综合活动次次评

对于学访、参观和社会实践等各项活动,采用多元评价方式,如参与表现的情况、动手操作能力、展示收获情况等。

4.期评

期评,就是成长记录每学期评。结合"初中生综合素质评价系统"记录学生成长,也可以将学生成长记录纸质材料存放于成长记录档案袋。通过以上两种形式,学生可以梳理总结出本学期学习的各方面表现,达到自我反思、自我调控的目的。通过表现性评价,让学生对自己有更加全面的认识,从而更好地制定今后的发展目标,特别是自评、组长评、任课教师评、家长评等多方参与评价的形式,更能激发学生学习的积极性。

综上所述,现代教育理论需要更可行的评价模式,而表现性评价恰与现代教育理论相得益彰。表现性评价的有效运用,既要对学生在活动过程中的表现进行评价,又要对学生活动的成果进行评价。评价与学习有机融合,在科学合理的教育教学活动中评价,以培养学生的综合能力,提升学生语文学科的综合素养。在双减背景下,初中语文教学如何运用表现性评价,还是一个需要不断研究探讨的课题。

【参考文献】

[1]谢辉.《表现性评价在小学语文教学中的应用研究——以重庆××小学为例》,重庆师范大学,硕士学位论文,2015.4

[2]范志戎.《探析表现性评价在语文教学中的应用》,东北师范大学,硕士学位论文,2009.12

[3]冯茹.《小学生阅读能力纸笔测验开发研究》,东北师范大学,硕士学位论文,2006.5

[4]马晓丽.《表现性评价在高中历史学业评价中的运用》,天津师范大学,硕士学位论文,2006.5

第五节　论文《刍议如何增强语文情境教学的有效性》

摘要:在新课改背景下,要使语文课堂熠熠生辉,创新教学方法势在必行。情境教学法是指在教学过程中,教师有目的地引入或创设具有一定情绪色彩的、以形象为主体的生动具体的场景,以引起学生一定的态度体验,从而帮助学生理解教材,并使学生的心理机能得到发展的教学方法。本文旨在从初中语文的教学实际出发,针对如何增强语文情境教学的有效性进行探究。

关键字:初中阶段　语文课堂　情境教学　有效性

正文:情境教学法有着创新空间大、资源方式多、学生主体地位突出、课堂气氛活跃、自主探究教学模式突显等优点。它能让教师从教学需要出发,根据语文教材营造以形象为主体富有感情色彩的氛围或创设具体场景,激发学生主动学习的意识,达到最佳教育教学效果。

一、情境教学模式提出的背景

在双减背景下,为减轻学生的课业负担,提高教育教学质量,激发学生学习的兴趣,提高学生学习的效率,激发学生的创新意识,我们要寻找有效的情境教学的途径和策略。首先明确情境教学的概念特征,它是指语文教师根据语文学科开放性、情感性、灵活性等特点,依据学生的认知规律,在教学过程中巧妙运用多种教学媒介,激发创设出语文教学具体可感、生动形象的环境气氛。情境教学还要调动学生的多种感官,如视觉、听觉、味觉、触觉等,利用创设的情境让学生与语文教学内容产生共鸣。寓教于"情",寓教于"境",达到主动学习知识、主动分析、解决问题的目的。

二、寓教于"境",生入其"境","教学"合一

我国情境教学的先导者李吉林老师主张:情境教学要以"情"为中介,具有形真、情深、意远、理念寓于其中的特点。可见,情境教学的特征应是教师创设能引起学生情感共鸣的情境,把教学目标、任务与创设的情境有效结合,在创设的情境中激发学生主动参与的意识,师生共情达成教学目标。因而,我从这些特征中找到增强情境教学有效性的两个着眼点,一是教师寓教于"境",有效地教;二是学生亲临其"境",有效地学。两者相辅相成、完美结合,才能使语文教学更有效。

例如:在教学七年级上册《狼》这一课时,有如下的写作训练环节:"这篇文章

作者精彩描写了屠户与狼险象环生的斗争过程,但屠户在生死攸关的时刻最终战胜了狼,展现了人类的聪明才智。请同学们动脑筋,展开合理想象,屠户在与狼搏斗的过程中,他的心理都有怎样的变化过程,形成文字,不少于100字。"在完成这一习作训练时,我为学生们创设了以下情境,伴随着《聊斋志异》片头曲节选音乐,我缓缓讲述:"暮色袭来,夜越来越黑了,郊外的小路上寂静阴森,远处的冷风不时发出凄厉的嘶吼,屠户卖完肉独自回家。突然,他发现有两只饥肠辘辘的狼在紧紧地跟着他 ……"听起来使人惊惧的背景音乐加上适当的语言渲染,让学生身临其境,更能让他们真切地感受到屠户遇到俩狼时紧张恐惧的心理。

三、寓教于"境",有效地教

(一)依据课标与三维目标创设有效的"境"

在创设情境时,教师先要考虑的问题是如何有效地实现语文的课标要求与三维目标。情境教学是为了更好地达成三维目标而采用的教学手段,它虽然有许多优点,但不能为了体现它的新颖独特,而让课堂气氛变得娱乐化、肤浅化。杜绝创设低效甚至无效的教学情境。结合新课程三维目标创设的情境教学,应该使"知识与能力"目标具体化,"过程与方法"目标情境化,"情感、态度与价值观"目标体验化,并在此基础上让学生不断感悟、拓展、延伸、升华教材内容。唯有扣紧课标要求,落实三维目标的情境创设,才是最有效的。

(二)依据学情创设有效的"境"

在教学中,教师要充分考虑学情,创设出与学情适合的教学情境,以达到最佳的教学效果。首先,我们要对学生的生理、心理特点,学生已有的认知基础和经验,学生的个体差异等方面有全面、清楚的分析了解。既要整体掌控教学班的宏观学情,又要对每个层次学生的单个具体学情了如指掌,还要能及时准确地预测到课堂中出现的动态的、随机的各种突发情况。据此,创设出符合学情的情境来达成教育教学目标。教师创设的情境要充分激发学生的兴趣,让他们乐于关注和参与,调动多种感官提取信息,经过分析、理解、讨论等形式,达到加深知识理解和认识、培养逻辑思维能力、收获情感体验的目的。

(三)调动多种感官创设有效的"境"

教师在授课时充分调动学生的各种感官,运用一定的手段创设新课导入情境,吸引学生的注意力,激发学生学习的兴趣。

例如:在教学八年级下册《云南的歌会》一课时,我创设的第一个情境是先采用很具有云南地区特色的葫芦丝乐曲《月光下的凤尾竹》作为本节课的开场音乐,同时伴以云南地区风光民俗的一组图片——丽江古城、玉龙雪山、石林、身着民族服装的人群、对歌的场景等,最终伴随着优美的音乐图片定帧在"对歌的场景"这张图片上。同学们在这短短的2~3分钟的时间里,充分领略了云南的风光美景、风土人情,感受到了云南人民的淳朴乡情。这样声景情境的创设,让学生们犹如身临其境,他们的学习兴味也得到充分激发。

再如:赏读《云南的歌会》这篇文质兼美的文章中的"山野对歌"片段时,我再次创设情境:播放《刘三姐》对歌的内容:"男声:什么水面打跟斗?什么水面起高楼?什么水面撑阳伞?什么水面共白头?刘三姐:鸭子水面打跟斗,大船水面起高楼,荷叶水面撑阳伞,鸳鸯水面共白头。男声:什么结果抱娘颈?什么结果一条心?什么结果抱梳子?什么结果披鱼鳞?刘三姐:木瓜结果抱娘颈,香蕉结果一条心,柚子结果抱梳子,菠萝结果披鱼鳞。……"在这之后,我和一个酷爱音乐的学生还模仿刘三姐对歌的形式演唱了几句。通过以上情境的创设,学生们通过观看、倾听、朗读、体验、交流表达等形式,整体把握了文章的内容,用眼睛、耳朵和心灵体验了云南歌会的与众不同。这样他们参与课堂、展示自己的积极性就更高了。

四、亲临其"境",有效地学

课堂教学是语文教学的主阵地,教师创设情境的效果的优劣最终都要在课堂教学中得到检验。教师要把精心设计的情境灵活有效地在课堂教学中实施运用,充分发挥情境教学的作用,让学生的思维、情感、态度融入语文教材之中,激发兴趣解决学习中遇到的问题。这样有助于建构语文学习的知识结构,培养学生的思维品质,达成教学目标。要实现学生有效地学,怎么调动他们积极参与呢?这是情境教学有效实施的关键所在,要注意以下几点:

(一)情境设计必须结合语文学科的独特性

充分利用教材、案例、影视、图片、课件等,也包括教师资源、教具、基础设施等在内的多种资源,营造特定的情感氛围,使学生"身临其境"地感悟教材内容。

但在创设情境时资源的选择和运用也要注意适度，不可贪多贪全，一切要切合学生的实际情况，避免采用的资源五花八门，削弱情境创设的效果。

（二）在情境教学中，要重视问题情境的创设

心理学家指出，要想使学生全神贯注地投入学习，就要不断触发他们的兴趣点，使他们身临其境每个教学问题。教师结合创设的情境提出问题，以创设的问题为载体来引导学生参与课堂积极思考，分析和解决问题。我们在设置问题时要遵循精简扼要、重点突出、环环相扣、由易到难的原则，使之巧妙自然、水到渠成地推动情境创设的发展，渐进式地引导学生思考，使他们逐步提升自身探究问题的能力，逐步达成语文教学的三维目标。

（三）在创设情境的过程中，要注重培养自主学习的习惯

在语文教学中，要突出学生的主体地位，让他们自觉养成参与情境的习惯，但这并不是教师撒手不管、放任自流，而是学生自觉成为情境教学的参与者、体验者。教师应该成为课堂情境创设的主导，学生则是参与课堂情境教学的主体，切忌让学生游离于所创设的情境之外。在通常的教学中，为了突显学生在课堂中的主体地位，我们时常运用小组合作探究的学习方式，目的是让学生在合作探究中完成探讨学习，但由于缺乏适度的监督和合理的统筹安排，好多的小组探究式教学，一些学生参与的积极性不高，个别学生参与讨论时跑题，还有个别学生不参与的现象。所以在创设教学情境时，我们一定事先做好科学细致的统筹安排，给学生明确具体分工，教师可以走到学生中间参与指导学生的合作讨论，促使学生完成真正有效的互动探究合作活动。

增强语文情境教学的有效性，需要教师根据教学实际不断探索、不断创新总结。教师精心创设出契合语文课标要求和三维目标要求的情境，展现在课堂教学过程中。教师还要充分调动学生参与情境的积极性，让教与学完美结合。这样必然能收获更大的教学效益。

【参考资料】

[1]秦香婷.《壮族民歌＜壮锦谣＞的音乐特色及演唱处理探析》，河北大学，硕士学位论文，2018

第二章 课题结题报告

第一节 《中小学传统文化教育融入学科教学实践研究》国家级课题结题报告

课题组组长:郑永迎

成员:李志林　李术强　郑永嫚　李克菊　张国红　冯晓华　孙桂娟　吴立柱　李继祝

关键词:中国传统文化　　渗透　　融合

报告摘要:中华优秀传统文化融入学科教育是时代不断发展的要求,这一课题对中小学生树立正确价值观、道德观有极其重要的作用。课题研究旨在将传统文化融入相关学科课程,在各学科教学中对学生渗透传统文化教育。课题研究成果丰硕,整理出各学科进行传统文化渗透的典型课例,汇编成册,并进行了课堂教学、校本课、各类校园文化的研究课、汇报活动等。

一、课题研究的背景和意义

（一）新课程标准的需要

中华优秀传统文化对中小学道德的提升和人格的养成有重要作用。中小学校将传统文化融入学科教育,并用其对中小学生进行道德品质教育和良好行为引导。现阶段,整个社会对发扬传统文化,对中小学生进行传统文化教育比较重视,中小学传统文化教育也取得一定进展。但该类课题仍存在一些问题,仍需不断完善。

（二）意义

1.传承中华优秀文化,延续中华文明是时代需要。中国传统文化历史悠久,博大精深,源远流长。中华民族的祖先利用5000多年创造了为世人瞩目的灿烂文明,但现今的中小学生成长在一个文化多元的时代,他们几乎每天都会受到各种文化的冲击,尤其是西方文化的影响。所以对中小学生进行传统文化教育势在必行,这样也有利于传承和发扬民族文化,延续中华文明。

2.有利于中小学生良好道德品质的养成。目前,国内外的各种思想文化交锋日益频繁。在这一背景下,从中华民族的优秀传统文化中汲取精华,可以帮助中小学阶段的青少年培养良好品质、塑造健全人格、形成正确的人生观和价值观。这也是一代又一代的中国人延续民族认同感、增强民族自信心的必经之路。

3.有利于弘扬时代精神,践行社会主义核心价值观。培育和弘扬社会主义核心价值观,要立足于中华优秀传统文化。中华传统文化也是涵养社会主义核心价值观的重要源泉。因而应该让中小学生学习并认同中华优秀的传统文化。

二、课题研究的设计与过程

（一）课题研究有关概念的界定

1.课题的内涵

文化是一个民族的基因和血脉,是一个民族赖以生存的基础。作为中国人精神生命底色的中华传统文化,影响着我们的思维方式、精神价值、文化意识和行为习惯,也是中华民族在世界民族之林立身的关键因素。中小学学科教学是国民教育的重要阵地,理应将中华传统文化的精华渗透其中,培育文化亲切感、提高文化感受力、增强文化理解力和理性认识。中小学生是祖国的未来,是民族的希望,是未来社会的接班人,引导其学习认识优秀的传统文化,有利于提高青少年的道德品质,有利于增强民族自豪感,培养其爱国情感。

2.课题的界定

（1）文化:文化是人类历史发展过程中所创造的物质财富和精神财富的总和,而民族传统文化则是特殊意义上的大众文化。

（2）民族传统文化:民族传统文化是原生态的民族文化,是祖先留给我们的文化遗产,是沉积着自然、社会、经济发展过程的"活化石"。民族传统文化主要包括民族歌舞、民族音乐、民族艺术、民族文字、民族文学、民族工艺、民族文物、民族建筑、民族服饰、民族节庆、民族饮食、民族宗教,还有社交礼仪、生活方式、风俗习惯等。中国优秀传统文化在这些原生态文化的基础上,取其精华去其糟粕。

（3）融入：就是渗透，指一种事物或势力逐渐进入到其他方面。渗透的一端是汩汩的倾注，渗透的另一端是真诚的吸收。科学、艺术、哲学情感的震颤渗入学生的肌体、学生的血液。

（4）传统文化融入学科教学：对学生树立正确全面的文化选择观、进行主动积极的文化导向有重要的帮助，更有利于学生从多学科、多角度、多方面弘扬民族传统文化，让优秀的民族传统文化得以继承和发扬。

3.课题假说

如果能够从本校学生的实际出发，根据各学科的课程目标，针对教与学的实际情况，将传统文化融入相关学科课程，在各学科教学中渗透传统文化教育，就能潜移默化地让学生耳濡目染，逐步领会传统文化的内涵，培养学生的传统文化素养，促进学生的全面发展。

4.课题研究的理论和现实依据

在人类历史的长河中，富有智慧的中华民族的祖先不断探索创造了光辉灿烂的文化。中华文化历史悠久、源远流长，对现今生活仍有重要的影响。继承和弘扬中华传统文化，既是中华民族力量得以凝聚的客观要求，又是建设物质文明和精神文明双丰收的中国特色社会主义的现实需要。

（二）课题研究的目标

1.有利于学生全面发展。通过课题研究，学生不断学习品味厚重精深的民族传统文化，既传承与弘扬民族传统文化，又使学校教育教学目标有效落实。

2.有利于教师不断发展。通过课题研究，我校教师在教育教学中不断探索更好的工作方式，品尝到传统文化教育的价值与乐趣。这一研究，让教师们自我发展的内在需求被不断唤醒。通过持续进行自我反思和同伴互助的活动，一批既具备传统文化新课程理念，又具备传统文化教学能力的高素质的教师队伍慢慢壮大起来。

3.形成课程特色。一批由师生共同创造的传统文化融入学科教育的课堂教学案例、课堂教学实录、综合实践性课程方案等资源不断出现并完善，我校传统教育融入学科教育的特色活动模式也日趋完善。

（三）课题研究的内容

1. 打破单一，挖掘丰富优秀、健康向上的中华民族传统文化教育内容，适时融入学科教学之中。

2. 各学科结合自身特点整合成符合中小学生身心特点和发展的教育资源，以多种形式呈现于课堂，全方位地在各个学科教学中有机渗透。

3. 研究中国传统文化教育对学生学习行为、学习方法的影响。

（四）课题研究对象

选择中小学学段学生

（五）课题研究方法

行动研究法、资料文献法、问卷调查法。

（六）课题研究的步骤

本课题分三个阶段进行：

第一阶段：理论学习和资料收集阶段（2012 年 10 月－2013 年 5 月）

1. 成立课题组，组织相关教师进行理论学习

这期间，作为课题负责人，我参加了中国教育学会 2012 年 9 月在天津宁河的课题培训会，紧接着参加了其他地区举办的开题报告暨课题培训会，然后又组织相关老师成立课题组，进行了课题分工，制订研究计划，部署相关任务。

2. 课题组成员由北淮淀中学部分学科教师组成，针对学生对传统文化的认知和接受情况，分别在所在班级进行了问卷调查，写出调研报告，制定本学科的研究计划和方案，从学科角度来展示了课堂教学中如何渗透民族传统文化。

3. 案例研究和行动研究

举办各种课内课外活动，收集活动资料，写出计划总结和活动报告，并收集各学科研究人员关于该课题的不同时段的 1～2 个教案，为编辑案例汇编作准备。

第二阶段：全面渗透与课例实践、反思研究阶段（2013 年 6 月－2013 年 12 月）

几个方面同时进行:

1.从课堂教学中进行渗透:包括从语文、英语、政治、历史等学科的课堂教学中进行渗透;组织跨学科的综合性教学研究活动及校级说课、议课、评课活动或专题讲座;组织优秀教案、学案评比等。

2.从校本课程中进行渗透:开设音、体、美、传统美德、社交礼仪国学教育、古诗文诵读等科目,继续做好课程的开发并修订这方面的校本课程。

3.从建设校园文化中渗透:在学生的各类文艺、体育、演讲比赛等活动中渗透民族传统文化。

4.从课外活动中渗透:充分利用本地资源——宁河名人、蓟运河、七里海古海岸湿地、鱼米之乡等具有本地特色的传统文化,多方面、多角度地进行中华传统文化的渗透教育,培养学生热爱家乡、传承家乡优秀传统文化的意识。

第三阶段:资料整理、总结、阶段(2013年12月—2014年6月)

1.整理出各学科进行民族传统文化渗透的典型课例,汇编成册。

2.进行课堂教学、校本课、各类校园文化的研究课、汇报活动。

3.调查汇总渗透民族传统文化对教师和学生的影响。

4.编写《传统文化》校本教材。

5.整理资料,撰写结题报告,开好结题会。

(七)课题研究的措施

1.邀请专家进行培训,组织教师进行理论学习,提高研究水平。

2.学科教师之间交流互助,提升教师的民族传统文化修养。

3.学校为课题组成员定购了多种书报杂志,以促进教师的自我学习与提高。

三、课题研究成果

(一)理论成果

郑永迎老师撰写的《浅谈初中阶段考场作文如何扮靓》,荣获市级论文评选三等奖。李术强老师撰写的《深化学业评价改革,提升初中历史教学的有效性》,荣获市级论文评选三等奖。李志林老师撰写的《陋室铭》教案,获得校内交流。

郑永嫚老师撰写的《Module 8 Public holidays——Unit 1 It's the last day before the new school year begins.》，获得校内交流。冯晓华老师撰写的《如何在英语教学中渗透中国传统文化》，获得乡级交流。李克菊老师撰写的《化石吟》课堂教学实录，获得乡级交流。吴立柱老师撰写的《口技》教学设计，获得乡级交流。

（二）实际成果

1. 完成调查问卷，对回收的 200 份有效问卷进行分析研究发现，99％的中小学生认同历史悠久、内容丰富的中华传统文化，应取其精华，应积极继承发扬。44.5％的中小学生对中华传统文化极其感兴趣，愿意深入学习；62.6％的学生比较感兴趣，认为传统文化是祖国的精华，有学习的义务。超过 90％的学生认为，在中小学开展传统文化主题活动能培养学生的爱国之心，增强自身文化底蕴。除此之外，80％以上的中小学生认为，增强人文情怀、提升自身道德修养也要学习传统文化。同时，绝大多数中小学生认为，中国传统服饰、戏曲、歌舞、技艺、传统美食、节日与民俗等，是中小学生开展传统文化融入学科教育课题的重要素材。94.5％的中小学生认为在各个学科进行传统文化教育是必要的，也是重要的。问卷调查结果显示，绝大多数中小学生对认识和学习传统文化的态度是积极的，因此，在中小学校开展传统文化融入学科教育的课题活动极其重要。

2. 课题组教师搜集传统文化融入学科教育的相关素材整理结集，有条件的上传至区域内网络平台，建立传统文化教育的活动素材资源库。不同的传统文化主题活动对应不同的文档、视频、音频等活动资源，我们还可以通过网络学习平台进行资源共享，使各个传统文化资源库常用常新，让素材与资源为传统文化融入学科教育活动服务。

四、课题研究的效果

（一）培养学生的综合素质和民族精神

课题研究，对促进学生了解品味广博厚重的中华优秀的传统文化，帮助学生树立正确的人生价值观和文化选择观，展现多元智慧，有着举足轻重的作用。学生在充满中华民族优秀传统文化氛围的熏陶中,不仅个性得到充分发展,还培养了至少一项体育技能和一项艺术特长,他们将成为中华民族优秀的传统文化的传承者和创新者。

(二)促进教师民族素质和修养的提升

课题研究,让师生之间、生生之间、教师之间在相互关怀和关心中不断成长。良好的民族素质和修养也在班级任课教师、团队组织的温暖和鼓励之中,在新教师与老教师的爱护和帮助之中,不断提高。项目的实施有效地提高了教师的教育教学能力,提升了自身的民族素养,促进了教师的专业发展。

五、课题研究存在的问题及反思

通过课题的研究,我们发现了一些问题,这些问题或是一时间难以解决的,或是随着研究的深入逐渐浮现的。

(一)由于初中生素质参差不齐和班风班纪不同,对接收优秀传统文化教育重视程度也不同,导致一些加强优秀传统文化教育的方法、模式的推广效果也不同,有些班级效果好,有些班级效果差。

(二)由于面对升学压力和繁重的学业负担,学生难免过于关注结果,忽略了实践体验,忽略了能力、情感、态度和价值观的发展。

(三)民族传统文化历史悠久、博大精深,作为学生学习的引导者的教师,我们自身的文化底蕴还不够深厚,这在一定程度上影响了课题研究工作向更深层次发展。在进一步研究中,我们将加强教师传统文化的学习和培训,以不断增长教育智慧。同时,定期建立校际和区域间的课题研究交流,不断进行深入研究。

深入开展中华优秀传统文化融入学科教育活动,充分发挥其育人作用,全面提升我校教师中华优秀传统文化教育教学水平,持续开展相关教育教学研究工作,以数字化媒介为依托,全面推进优秀文化资源运用,充分推动广大中小学生"学习文化知识,体验文化魅力,增强文化认同,坚定文化自信。"

后记

在中学一线教学的 26 年中,我认认真真地对待每一天,幸福地享受着语文教学研究的快乐。在语文教学这条道路上,我蜗速前行,但每一步都走得踏实坚定。每一次潜心的备课,每一次精心的讲课,每一次苦心的反思,每一次耐心的评价,每一次静心的论文,每一次用心的课题研究,都将成为我教学天空中五色的流云。我享受着它们的变幻莫测,欣喜地与它们邂逅着。

我的语文教学专业成长与各种培训、研究、实践是密不可分的。在这个过程中,许多领导、专家和同仁们给予我鼎力支持。特别感谢天津市"三杰工程"与我校领导及全体教职员工的大力支持,让我在埋头教学的同时,有机会对自己钟情的语文教学进行梳理。是他们,呕心沥血地设计培养方案;是他们,倾尽全力地寻找资源;是他们,循循善诱地精心指导;是他们,苦心孤诣地搭建平台,让我有了更新的展示,有了更大的提升,有了更多的机会与新理念、新理论耳鬓厮磨,让我与新技能、新素养朝夕相处,为我的语文教学发展注入新的生机与活力。

在写作过程中,我收获了梳理反思的快乐,与此同时,内心的压力也是巨大的。在整个过程中,我深感所写的内容只是我对以往语文教学的粗浅总结,确有太多的不完善、不健全,更多的问题需要在今后的教学中不断深入"钻探"。本书的主要内容是:语文教学中实施的策略、语文课堂实施过程所收获的经验、撰写的教学论文及课题研究成果等。鉴于我的水平与能力,只能给大家呈现出这样拙劣的状态,期待与同仁们共同思考、实践,期待同仁们给予我指正与批评。

在本书的编写过程中,引用和参考了一些名家的言论和经验,在此也向他们表示衷心的感谢。别致用心的教案设计,切实可行的实践过程,语文教学的经验总结,这便是我 26 年来语文教学生涯的三部曲。"路漫漫其修远兮,吾将上下而求索",也许在我们上下追寻的时候,会在未来的道路上不期而遇,在我们遭遇瓶颈的时候,会有"柳暗花明又一村"!

参考文献

[1]乔桂英.《语文教学论》. 北京:高等教育出版社,2014.11

[2]朱绍禹.《中学语文教学法》. 北京:中华书局,2015.8

[3]王君.《更美语文课》.武汉:长江文艺出版社,2018.11

[4]柳咏梅.《语文教学三部曲——解读、设计、演绎》. 重庆:西南师范大学出版社,2015.4

[5]潘永庆.《多元评价:创新教育的有效机制》济南:山东教育出版社,2005.7

[6]钟启泉.《教育研究》,《三维目标论》,2011(9):26—67

[7]崔雨.《初中研学旅行课程开发与实施调查研究》,河南大学,硕士论文,2020.7

[8]戚爽.《基于地理核心素养的高中地理研学旅行方案设计——以贵州省六盘水市为例》,辽宁师范大学,硕士学位论文,2020.6

[9]谢辉.《表现性评价在小学语文教学中的应用研究——以重庆××小学为例》,重庆师范大学,硕士学位论文,2015.4

[10]范志戎.《探析表现性评价在语文教学中的应用》,东北师范大学,硕士学位论文,2009.12

[11]冯茹.《小学生阅读能力纸笔测验开发研究》,东北师范大学,硕士学位论文,2006.5

[12]马晓丽.《表现性评价在高中历史学业评价中的运用》,天津师范大学,硕士学位论文,2006.5

[13]秦香婷.《壮族民歌<壮锦谣>的音乐特色及演唱处理探析》,河北大学,硕士学位论文,2018